다양한 매체를 활용한

미술치료 열두 달 프로그램 VII

최외선 · 김갑숙 · 서소희 · 류미련 · 강수현 · 조효주 · 박금채 공저

학지사

머리말

왜 매체인가

마음이 말 속에 다 담기지 않을 때 우리는 자주 멈춰 서게 된다. 뭔가 불편한데 설명할 수는 없고, 괜찮은 줄 알았는데 마음이 자꾸 바닥으로 가라앉고, 수많은 생각 속에 마음이 짓눌릴 때, 그 답답함, 막막함, 고립감 속에서 사람들은 미술치료를 만난다. 색연필 끝을 따라 마음이 흐르고, 클레이의 감촉에 감정이 녹아들며, 물감이 번질 때 망설여져 차마 말하지 못했던 이야기를 풀어놓게 된다. 이처럼 때로는 지극히 평범해 보이는 재료들이 마음을 움직이게 한다. 그래서 미술치료에서 매체는 단순한 도구가 아니다. 감정과 기억, 상처와 바람이 깃드는 '언어 너머의 언어'다.

크래이머(Kramer)는 미술 매체가 '내면 세계와 외부 현실 사이를 연결하는 다리'라고 말했다. 그 다리는 말로는 닿지 못하는 감정에 다가가, 보이지 않는 마음을 형태로 만들며 닫힌 세계를 조용히 열어 준다.

왜 워크북을 만드나

이 책은 그 다리를 함께 건너기 위한 기록이다. 책에서는 다리가 되어 주는 여러 매체를 하나하나 들여다본다. 매체들이 어떤 마음을 붙잡고 어떻게 감정을 불러내는지, 왜 오래전 기억을 건드리는지, 흩어졌다 또 다시 이어지며 어떤 새로운 관계를 맺게 하는지, 언제 마침내 회복을 가능하게 하는지 조금씩 조심스럽게 읽어 내며 이야기한다.

이 책을 한 장 한 장 넘기며 우리는 질문하게 될 것이다.

이 매체는 내담자에게 어떤 감정을 일으키는가, 특정한 매체 앞에서 내담자는 어떤 표정을 짓는가, 그리고 치료사와 내담자 사이에 어떤 대화가 흐르는가. 우리는 질문을 따라가며 다양한 미술 매체가 지닌 감각적 특성과 정서적 반응을 탐색하고 그 안에 깃든 치유의 가능성을 이야기한다.

어떻게 구성되어 있나

이 책은 미술치료를 시작부터 종결까지, 흐름에 따라 마주하게 되는 치료 단계들을 한 해의 달력 위에 놓고 월별 주제로 구성하였다. 1월 자신을 만나고, 2월 자신을 알아가며, 3월 안전함을 느끼고, 4월 스스로를 보호하며, 5월 자신에 대해 알아차리고, 6월 갈등과 어려움을 씻어내며, 7월 변화하기로 결심하고, 8월 힘을 내어 자신을 돌보며, 9월 치유의 시간을 지나, 10월 회복을 이루고, 11월 단단히 홀로 서서, 12월 다시 세상 속으로, 관계 속으로 발을 내딛는 여정을 그려 낸다.

어떻게 사용할까

프로그램에는 다양한 심리학 이론이 녹아 있어 내담자에 따라 더 많은 세부 단계로 나누어 탐색해야 할 경우도 있고 필요한 부분만 발췌하여 사용할 수도 있다.

이 책을 통해 임상에서 만나게 되는 아동, 청소년, 성인 내담자와 부부 및 가족의 내면에 닿는 다리를 놓아 갈 수 있기를 바란다. 그리고 그 다리를 함께 건너는 길 위에 개인미술치료와 집단미술치료로 이 책이 동행이 되기를 바란다.

끝으로

빨주노초파남보 7가지 표지색의 완결편인 일곱 번째 미술치료 열두 달 프로그램이 나오기까지 함께 고민하며 시간과 마음을 나눈 부산인지심리연구소 선생님들께 감사의 마음을 전한다. 그리고 이 책의 출판을 흔쾌히 승낙해 주신 학지사 김진환 사장님, 교정과 편집을 위해 매우 수고해 주신 김서영 대리님께 진심으로 감사드린다.

2025년 7월

저자 일동

차례

1월

만나다

자기상의 긍정적인 부분과 부정적인 부분,
다양한 특성을 인식하여 자신을 만나요.

1주 Symbol–상징

2주 Mirror–거울

3주 Shadow–그림자

4주 Hexagon–헥사곤

1주

Symbol

상징

매체: 실링 왁스

매체: 실링 왁스

실링 왁스(sealing wax)는 편지, 포장지, 병 등을 봉하여 붙이는 데 쓰는 수지질의 혼합물이다. 봉인을 풀었을 때 그 흔적을 남기게 하거나 발신인의 신원을 표시하기 위해 사용되었다.

매체 활용 이유

실링 왁스는 봉투의 밀봉, 편지나 문서의 개봉 여부와 발신인의 신원 확인 등의 목적으로 사용되었는데 미술치료 시 실링 왁스로 작업을 하며 세상에 자신을 개봉한다는 의미로 자신을 소개하는 시간을 가져 볼 수 있다.

실링 왁스는 공적인 서신에는 붉은색, 부고 등의 부정적인 소식을 전할 때에는 검은색, 사적인 용도로는 다른 색을 이용하여 봉인을 뜯기 전에 왁스의 색만으로도 어떤 내용일지 유추가 가능하도록 사용되었다. 그래서 색상별 상징적 의미를 적용하여 자신의 특성 및 성향을 상징하는 색상으로 자신을 소개해 볼 수도 있다.

또한 실링 왁스는 가지고 있으면 영원한 행운이 찾아온다고 하는데 미술치료 과정에서 실링 왁스처럼 자신의 존재 자체가 자신 및 타인에게 행운을 주는 존재라는 생각을 하도록 도울 수 있어 미술치료에 활용할 수 있는 의미 있는 매체다.

Symbol

목표

1. 자신의 성격, 특성, 성향 등을 탐색하여 표현할 수 있다.
2. 자신이 자신 및 타인에게 행운을 줄 수 있는 존재임을 알 수 있다.

준비물

다양한 문양의 스탬프, 다양한 색의 실링 왁스, 코팅 스푼, 실리콘 패드, 양초, 라이터

활동방법

1. 다양한 문양의 스탬프 중에서 자신을 상징할 수 있는 혹은 자신의 인장이 될 만한 문양의 스탬프를 선택한다.
2. 실링 왁스의 색을 선택하여 코팅 스푼에 넣고 불로 녹인다.
3. 녹은 실링 왁스를 실리콘 패드 위에 붓고 활동방법 1에서 고른 문양의 스탬프를 찍는다.
4. 실링 왁스에 찍은 스탬프의 문양을 선택한 이유에 대해 이야기 나눈다.
5. 치료사는 실링 왁스의 용도, 색의 의미 등에 대해 설명한다(참고: p. 14, 색상별 상징적 의미와 특성 및 성향).
6. 실링 왁스에 찍은 문양을 통해 자신에 대해 탐색한 후, 세상에 자신을 개봉하는 의미로 자신에 대해 소개하는 시간을 가진다.

   예 이름의 뜻, 색상별 상징적 의미와 특성 및 성향에서 자신이 고른 색이 의미하는 것, 자신의 장단점을 포함한 특성 등
7. 실링 왁스는 가지고 있으면 행운이 찾아온다고 하는데 자신에게 행운이 찾아온다면 어떤 행운을 바라는지 생각해 보고 이야기 나눈다.
8. 타인에게 행운을 줄 수 있다면 누구에게 어떤 행운을 주고 싶은지 이야기 나눈다.
9. 자신의 존재 자체가 자신 및 타인에게 행운이라면 자신은 어떤 행운을 줄 수 있는 존재일

지 생각하고 이야기 나눈다.

10. 활동 후 느낀 점에 대해서 이야기 나눈다.

주의사항

실링 왁스를 녹이는 과정에서 코팅 스푼이 뜨거우므로 조심히 사용하도록 한다.

참고*

● 색상별 상징적 의미와 특성 및 성향

1. 색의 상징과 의미

모든 색에는 자기만의 이름과 상징이 있다. 인간은 색을 단순히 눈으로만 보는 것이 아니라 마음으로 받아들이며, 색은 인간의 신체나 감정에 영향을 미친다. 색에 대한 인식은 시대와 문화, 사회적 배경에 따라 달라져 왔는데, 세계 곳곳에서 엿볼 수 있는 색의 상징과 의미를 정리했다.

2. 주요 색상별 상징적 의미

① 빨간색

- 색의 상징적 의미: 관용, 사랑, 순교, 신의, 용기
- 색의 특성 및 성향: 눈을 자극하는 색으로, 적극적이고 공격적인 성향이 있다. 외향적이고 정력적인 색으로 혈압과 호흡, 맥박 수를 높일 수 있다. 강렬한 감정을 일으켜 사랑과 분노를 연상시키고, 흥분을 유발하기도 한다. 피와 불꽃, 힘을 상징하고, 축하와 축제의 색이기도 하다.

② 분홍색

- 색의 상징적 의미: 활기, 책임, 애정
- 색의 특성 및 성향: 건강과 관련이 깊은 색이다. 연애 전선의 긍정적인 기운을 뜻하며,

* 참고의 내용은 pmg 지식엔진연구소(2019)에서 수정 발췌함

몸에 열이 있을 때 열에 대한 반응으로 표출되기도 한다. 색채심리학에서는 치유와 휴식의 색으로 여겨지는데, 미국의 생태사회학자인 알렉산더 샤우스 박사의 연구에 따르면 교도소 내부를 온통 분홍색으로 꾸미자 수감자들의 폭력 행사가 줄어들고 성격이 침착해졌다고 한다.

③ 주황색

- 색의 상징적 의미: 에너지, 성과
- 색의 특성 및 성향: 식욕을 촉진하며 생활의 활력을 주는 색이다. 따뜻함과 활기를 내뿜어 사회화를 촉진하는 색이기도 하다.

④ 노란색

- 색의 상징적 의미: 영광, 힘, 부, 긍정, 행복
- 색의 특성 및 성향: 상쾌하고 찬란한 느낌을 주며, 즐겁고 가슴 설레는 색이다. 노란색은 긍정, 이해력, 행복을, 황금색은 긍정적인 미래, 약속을 뜻한다. 노란색은 신경 시스템을 촉진시키고, 기억력을 향상시킨다고 한다. 그리스 문화에서는 '슬픔', 프랑스에서는 '질투'를 상징하기도 한다.

⑤ 초록색

- 색의 상징적 의미: 신앙, 불멸, 희망, 성결, 생명, 젊음, 애정
- 색의 특성 및 성향: 마음을 평온하게 해 주고 진정시켜 주는 색이며, 신경과 근육의 긴장을 완화시킨다. 식물의 잎과 같은 색으로 자연을 상징하며, 회복력, 자제력, 조화를 뜻하기도 한다. 이슬람교의 상징색이기도 하다. 사람의 눈은 초록에 가장 민감하게 반응하기 때문에, 교통 표지판이나 신호등은 주로 초록색을 사용한다.

⑥ 파란색

- 색의 상징적 의미: 성실, 신앙, 희망, 믿음, 신성함, 책임
- 색의 특성 및 성향: 정신을 나타내는 색이며 자제와 적응을 상징한다. 시원한 색으로 수도꼭지에서 냉수를 상징하며, 감정적으로는 조용하고 이성적인 느낌을 준다. 영어권에서 파랑을 뜻하는 blue는 우울하다는 뜻으로 사용되기도 한다.

⑦ 보라색

- 색의 상징적 의미: 고귀함, 속죄, 신성함, 죽음, 기다림
- 색의 특성 및 성향: 신의 색이라 하여 영적인 것을 나타낸다. 고대에는 황권과 명성, 존엄성을 상징했는데, 이는 천연물에서 보라색 염료를 추출하기가 매우 어려워 특히 비쌌기 때문이다. 보라는 마음 깊은 곳의 억압된 감정과 연관이 있으며, 고귀하고 장중한 느낌을 주기도 한다.

과정

과정 1. 코팅 스푼에 담기

과정 2. 실링 왁스 불에 녹이기

과정 3. 녹은 실링 왁스 붓기

과정 4. 실링 왁스에 스탬프 찍기

사례 1

응원하는 나

초등학교 2학년, 여학생

자신은 밝고 에너지가 많아서 주변 사람들을 미소 짓게 한다고 하였다. 친구들에게 “힘내라.”라고 응원을 많이 하는 편이라 응원하고 있는 스탬프를 골랐다. 여러 색의 실링 왁스를 선택하고 싶었으나 코팅 스푼이 작아 아쉬워하였다.

실링 왁스는 파랑, 민트, 노랑을 선택하였는데 선택한 색의 상징이 희망, 회복력, 긍정을 의미한다고 하자 자신의 성격과 특성을 그대로 나타내는 것 같다고 하였다.

자신에게 행운이 찾아온다면 책이 아주 많은 곳에서 마음껏 책을 읽고 엄마와 하하 호호 이야기 나누는 것이다. 타인에게 행운을 준다면 엄마를 더 웃게 하고 싶다며, 미술치료를 받으러 오는 길이 엄마와 함께하는 시간이라 너무 좋다고 하였다.

자신의 존재 자체가 행운이라면 다른 사람을 기쁘게 하는 행운일 것 같다고 하였다.

사례 2

늘 감사한 마음

40대 직장인, 여성

자신은 작은 것에도 감사한 마음을 가지고 사는 편이라며 Thank you 스탬프를 골랐다. 실링 왁스는 보라색, 하늘색을 선택하였는데, 보라색이 고귀한 색임은 알고 있었으나 마음 속 깊은 곳의 억압과 관련된 색이라는 설명을 들으니, 최근 자신도 모르게 감정을 억압하게 되면서 예전과 다르게 무엇인가를 많이 잊어버리는 것 같기도 해서 미술치료를 통해 자신에 대해 알아가고 싶다고 하였다. 자신이 의도한 대로 되지 않아 속상하긴 하지만 세상이 뜻대로 되면 사는 것이 재미없을 것 같다고 하였다.

타인에게 행운을 주면 좋을 것 같고, 자신의 존재 자체가 행운이라면 더더욱 감사한 일이라고 하였다.

2주

Mirror

거울

매체: 거울지

매체: 거울지

거울(mirror)은 빛의 반사를 이용하여 물체의 모양을 비추어 보는 물건이다. 거울지는 있는 그대로의 모습을 비춰 주는 종이 거울이다.

매체 활용 이유

거울지는 PVC 비닐 재질로 일반 가위로도 원하는 모양으로 오릴 수 있어 다양한 모양을 만들 수 있고 곡면에도 부착할 수 있다. 유리 거울과 비교하여 깨질 우려가 없어 미술치료 작업을 할 때 안전하다.

지금–여기 자신의 모습을 거울지로 비춰 보며 관찰하여 그리는 작업은 사진으로 찍은 순간의 기록이 아니라 순간순간 변하는 자신의 모습을 필터로 보정하지 않고 있는 그대로의 모습을 탐색할 수 있게 한다.

또한 거울지는 면을 구부리거나 접어 다양하게 변하는 자신의 모습을 바라볼 수 있기 때문에 외부의 자극과 환경에 따라 영향을 받는 자신을 다양하게 탐색할 수 있도록 도와 미술치료에 활용할 수 있는 의미 있는 매체다.

Mirror

목표

1. 지금-여기 현재의 자아상을 탐색할 수 있다.
2. 자신에 대한 긍정적, 부정적 인식을 파악하여 긍정적 인식은 유지하고 부정적 인식은 변화시킬 수 있다.
3. 외부 자극과 환경에 의해 영향받는 자신을 자각함으로써 자신과 환경을 분리시켜 바라볼 수 있다.

준비물

거울지(A4 크기), 글라스펜

활동방법

1. 거울지 속에 비친 자신의 얼굴을 자세히 살펴본다.
2. 거울지에 비친 자신의 얼굴을 보며 거울지 위에 자신의 얼굴을 따라 그린다. 거울지에 비친 모습은 고정되어 있지 않아 따라 그리기 힘들 수 있음을 안내한다. 치료사는 지금-여기 현재에서 자신을 바라보며 자신의 특징이 잘 드러나게 그리도록 격려한다.
3. 현재 자신의 모습에서 마음에 드는 부분과 마음에 들지 않는 부분에 대해 이야기 나눈다.
4. 활동방법 3에서 자신에 대해 긍정적인 면을 많이 표현하는지, 부정적인 면을 많이 표현하는지 살펴본다.
5. 현재 자신의 모습에서 유지하고 싶은 부분과 변화시키고 싶은 부분을 찾아본다. 외적인 모습도 가능하지만 치료사는 가능하면 정서적이고 성품적인 부분들을 더 많이 표현할 수 있도록 격려한다.
6. 거울지에 그린 자화상 주변에 자신의 모습에서 변화시키고 싶은 부분을 찾고 변화를 위해 필요한 것을 상징이나 기호로 추가해서 그린다.

예 '자신을 사랑하는 마음이 더 많아졌으면 좋겠다.'의 기호로 ♡, ☆

7. 거울지를 망원경처럼 말아서 자신의 모습을 사진으로 찍어 보거나 조명을 비춰 보며 다양하게 변화되어 보이는 자신의 얼굴을 살펴본다(참고: p. 23, 얼굴 변형).
8. 활동방법 7에서처럼 외부의 환경이나 자극에 의해 영향을 받은 경험이 있는지, 그런 경험들이 자신에게 어떤 영향을 미치는지에 대해 이야기 나눈다.
9. 외부의 환경이나 자극으로 인해 경험하게 되는 부정적인 감정과 생각에 압도되지 않고 다양한 관점에서 자신을 바라보기 위해서는 자신과 외부 환경을 분리하여 바라볼 수 있어야 한다는 점에 대해 이야기 나눈다.
10. 활동 후 느낀 점에 대해서 이야기 나눈다.

참고

얼굴 변형

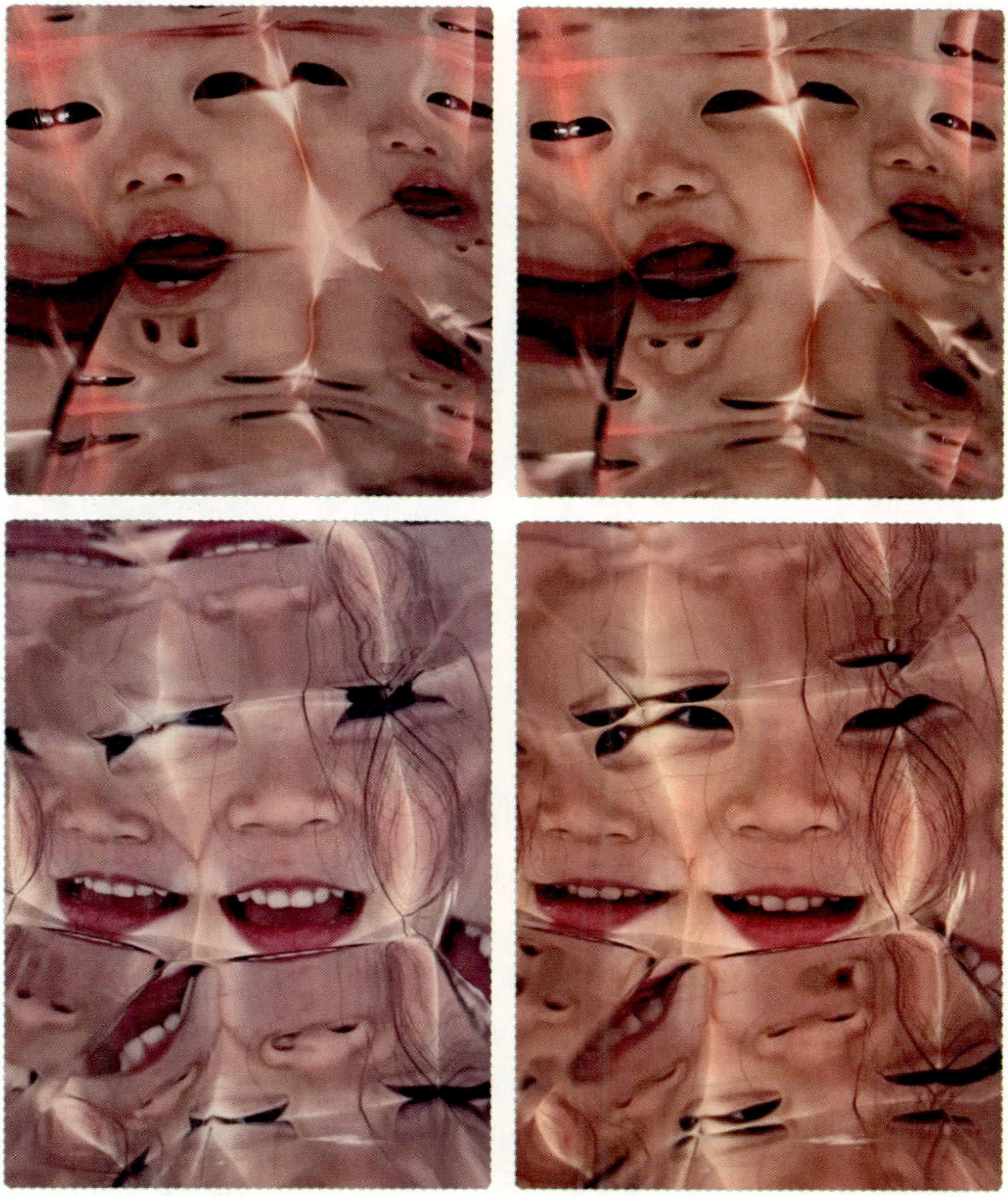

출처: https://blog.naver.com/woody3363/223266462142 (저작권자의 허가를 받음)

사례 1

자신의 얼굴과 필요한 것

얼굴 변형

중학교 2학년, 여학생

곧게 편 머리카락이 마음에 들고, 볼살과 쌍꺼풀 없는 눈, 불만은 많은데 말 못 하는 작은 입이 마음에 들지 않는다고 하며 부정적인 면을 많이 표현하였다. 자신을 변화시키기 위해 필요한 것은 머리카락을 펴는 미용기구, 하고 싶은 말을 표현하는 확성기이고, 부정적인 생각을 긍정적으로 바꾸고 싶어 미소를 그렸다고 하였다.

거울지를 동그랗게 말고 빛을 비추어 살펴보니 진짜 자신처럼 보이지 않는데, 이처럼 자신을 왜곡해서 보는 사람들 때문에 부정적인 생각을 많이 했던 것 같다고 하였다. 유학 중 인종차별을 경험했는데 그런 타인의 시선에 영향을 받아 자신을 부정적으로 바라보았고, 하얀 피부색에 집착하여 화장을 진하게 하고, 말도 잘 하지 못할 만큼 위축되었던 것 같다고 하였다.

외부 자극과 자신을 분리하여 바라보는 작업을 해 보니 자신을 찾으려고 미술치료를 시작하고 노력하는 자신이 보여서 조금 자신감이 생긴다고 하였다.

사례 2

자신의 얼굴과 필요한 것

얼굴 변형

대학교 1학년, 남학생

진한 눈썹이 강인해 보여 마음에 들고, 스트레스로 폭식하는 자신은 마음에 들지 않고, 살이 많이 쪄서 예전의 잘생긴 모습이 사라진 것 같아 날씬하게 바꾸고 싶다고 하였다. 자신에 대해 생각할수록 자신의 형과 비교되어 부정적인 면이 떠오른다고 하였다.

자신에게 필요한 것은 진학한 학교가 달라 지금은 떨어져 지내는 친구들, 꾸준한 운동, 자신을 사랑하는 마음과 자신감이다. 거울지를 여러 형태로 말아서 보니 자신의 얼굴이 커져서 더 뚱뚱해 보이고 못나 보여 속상하다. 하지만 친구들이 크게 보이는 것은 마음에 든다고 하였다.

부모님이 바라는 대학에 진학하지 못하고 영재인 형과 비교되어 힘들었는데, 부모님의 영향을 분리시키고 친구들과 있을 때를 떠올려 보니 스스로 자신감 있고, 친구들 사이에서도 괜찮은 사람으로 느껴진다고 하였다.

3주

Shadow

그림자

매체: 알루미늄 포일

매체: 알루미늄 포일

알루미늄 포일(aluminium foil)은 알루미늄을 종이와 같이 얇게 펴서 만든 것으로 음식을 저장하고 음식 용기로 사용하거나 적당한 크기로 잘라 회화나 공예품의 장식으로 사용하는 매체다.

매체 활용 이유

알루미늄 포일은 얇고 쉽게 변형이 가능하며 평면에서 입체로 작업이 가능하여 미술에 재능이 없어도 누구나 손쉽게 입체 구조물을 만들 수 있다. 입체 조형을 만드는 작업은 단편적으로(평면) 인식하고 있는 자신의 모습을 다각적으로(입체) 살펴보는 상징성을 가진다.

알루미늄 포일은 구기거나 접고 뭉쳤을 때의 거친 질감으로 인간의 고뇌와 번민을 잘 나타낸 자코메티의 작품과 같이 자신의 현재 모습, 고민, 기분 상태 등을 표현할 수 있어 미술치료에 활용할 수 있는 의미 있는 매체다.

Shadow

목표

1. 자기상의 긍정적인 부분과 부정적인 부분들을 탐색할 수 있다.
2. 무의식 속에 억압된 자아의 부정적인 측면인 자신의 그림자(shadow)에 대해 인식할 수 있다.

준비물

알베르토 자코메티 작품 사진, 알루미늄 포일, 손전등, 테이프, 가위

활동방법

1. 인간의 복잡한 심리상태를 탁월하게 표현한 조각가 알베르토 자코메티의 조각품 〈걷는 사람〉을 감상한다.
2. 자코메티의 작품처럼 알루미늄 포일로 자신을 만든다.

〈포일 사람 만들기 순서〉

① 자신이 만들고 싶은 사람 크기의 2배에서 4배 크기로 포일을 준비하여 반으로 접는다.

② 포일을 반으로 접은 후 직사각형 모양의 긴 쪽이 세로가 되게 놓은 후 가로로 삼등분하여 선을 그어 표시하고 접었다 펼친다.

③ 삼등분한 상단에는 머리와 팔을 만들 수 있게 세로로 삼등분하여 가위로 자른다.

④ 삼등분한 중단은 가슴과 배 부분인 몸통을 만들 수 있게 중단의 아래 선을 가로로 삼등분하여 가위로 자른다.

⑤ 삼등분한 하단은 다리를 만들 수 있게 세로로 이등분하여 가위로 자른다.

⑥ 자른 부위들을 따로따로 뭉치고 구부려서 팔과 다리가 되도록 하여 자기상을 만든다.

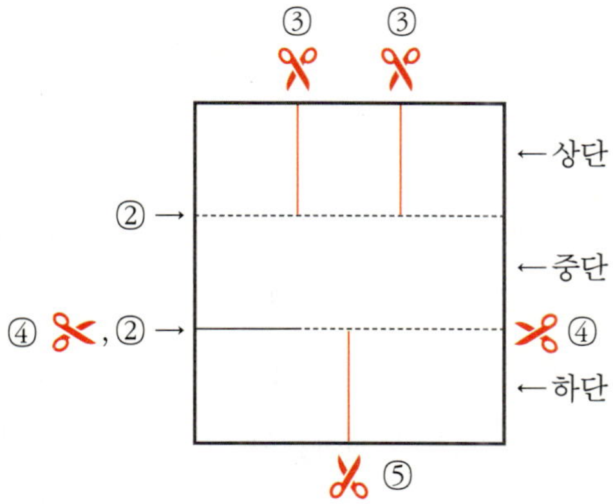

3. 완성된 자기상을 움직여 원하는 자세로 만든다.
4. 불을 끄고 손전등으로 거리와 각도를 달리하여 비춘 후 빛으로 인해 생기는 그림자를 보며 자기상의 밝은 부분과 어두운 부분을 관찰한다.
5. 조명에 비치는 모습처럼 타인에게 드러내는 자신의 밝고 긍정적인 모습이 있는지 이야기 나눈다.
6. 조명으로 인해 그림자가 생기는 부분을 보며 타인에게 숨기고 싶거나, 남들은 모르는 자신의 부정적인 모습이 있는지 이야기 나눈다.
7. 조명의 위치에 따라 달라지는 자기상의 그림자를 살펴본 후 치료사는 융 심리학에서 말하는 그림자(shadow)에 대해 설명한다(참고: p. 30, 그림자).
8. 자신의 그림자에 대해 탐색한 후 치료사는 자기실현 과정에서 처음으로 만나는 무의식적 요소가 그림자이므로 그림자를 알아간다는 것은 우리가 성숙해 가는 과정에서 꼭 필요한 부분임을 설명한다.
9. 활동 후 느낀 점에 대해서 이야기 나눈다.

Tip

조명의 수를 늘리면 여러 개의 그림자가 나타나 다양하게 관찰할 수 있다.

참고

● 그림자

심리학자 칼 융(Carl Jung)이 제안한 개념으로, 개인의 무의식 속에 억압되거나 받아들여지지 못한 성격의 어두운 측면을 의미한다. 이 그림자는 주로 우리가 인정하고 싶지 않은 감정, 욕망, 성격적 특성 등을 포함한다. 그림자는 개인이 사회적 규범이나 이상에 부합하려고 하면서 억눌렀던 부분이기도 하며, 이를 무시하거나 부인하면 심리적 갈등이나 문제를 야기할 수 있다. 따라서 융은 그림자를 통합하고 이를 인정하는 과정이 개인의 자기실현(개성화)을 이루는 데 필수적이라고 보았다.

– 그림자 예 1

타인의 성공을 '진심으로 축하한다.'고 말하지만, 마음속으로는 질투심과 열등감을 느끼는 경우가 있다. 이는 '질투'를 부정적이고 부끄러운 감정이라고 생각하여 억누르지만, 그림자는 무의식적으로 행동이나 관계에 영향을 미친다. 이를 인정하고 '나도 질투할 수 있다.'는 사실을 받아들일 때, 질투의 에너지를 긍정적으로 변화시킬 수 있다.

– 그림자 예 2

자신을 '항상 친절하고 온화한 사람'이라고 여기는 사람이 누군가에게 무례한 행동을 당했을 때 화를 참는 경우가 있다. 이 억압된 분노는 그림자가 되어 무의식적으로 타인에게 냉소적이거나 수동적 공격성으로 나타날 수 있다. 자신의 분노를 억누르기보다 이를 직면하여 건강하게 표현할 수 있을 때, 보다 균형 잡힌 인간관계를 유지할 수 있다.

과정

과정 1. 포일 접어서 자르기

과정 2. 접은 선을 따라 자르기

과정 3. 사람의 형태 만들기

과정 4. 자기상 만들기

사례 1

작은 그림자

긴 그림자

두 개의 그림자

고등학교 2학년, 남학생

자신의 모습은 휴대전화를 들고 고개를 숙인 모습이다. 포일로 사람을 만들 수 있다는 것이 재미있다고 하였다.

그림자에 대해 설명하고 불을 끄고 그림자를 만들며 관찰하는데, 자기상 뒤에 작게 보이는 그림자를 보니 아이들 앞에서 센 척하지만 자신도 가끔 겁이 날 때가 있는데 그런 자신의 모습이 생각난다고 하였다. 길어진 그림자를 보면 자신이 아주 약해 보이고, 두 개의 그림자를 보면 PC방을 갈까 집에 갈까 고민하는 자신의 모습 같다고 하였다.

자신의 그림자에 대해 알아보기 위해 숨기고 싶거나 남들은 모르는 자신의 부정적인 모습이 있는지 질문하였다. 자신의 약점을 보이고 싶지 않아 반대로 세게 말하는 모습, 따돌림을 당할까 봐 자신을 험담하는 친구의 이야기를 못 들은 척하며 그 친구와 함께 어울리는 모습이 있다고 하였다.

그림자를 보며 자신의 다양한 모습을 생각해 볼 수 있는 시간이 되었다고 소감을 말하였다.

사례 2

긴 그림자

겹쳐진 그림자

다른 방향을 향한 두 개의 그림자

누운 그림자

30대 직장인, 남성

포일로 만든 자기상이 아주 힘 있는 사람으로 보인다. 특히 머리 부분 그림자의 뾰족한 부분은 영화 속 히어로의 가면 같아 비현실적으로 느껴진다. 장남으로 가족의 기대를 한 몸에 받고 있어서 자신은 유능해져야 하고, 가족들을 지켜 줄 수 있어야 한다는 생각을 하고 있다고 하였다.

길어진 그림자를 보니 남들보다 우월해지고 싶은 욕망이 있지만, 겉으로는 겸손하게 보이려고 애쓰는 모습이 보였다. 두 개의 조명으로 겹친 그림자는 겉으로 웃으며 친절한 모습을 하지만 자신 안의 어두운 면이 떠오른다. 집에서는 무표정으로 말없이 지내는 경우가 많다. 방향과 크기가 다른 두 개의 그림자를 보니 일 처리를 공정하게 한다고 하지만 포상이나 성과로 인정받을 수 있는 것을 우선적으로 하고 싶어 하는 모습이 떠올랐다. 마지막으로 자기상을 눕히고는 항상 적극적일 수는 없다고 생각하며 자신 안의 나태함을 나타내고 싶었다고 하였다.

자기상을 만들고 그림자를 관찰하며 자신이 성공 지향적이며 많이 긴장하며 살고 있다는 것을 느꼈다. 그래서 직장에서도 상사에게 아부하며 지나치게 경쟁적인 동료를 보면 거부감이 들었는데, 자신 안에도 그러한 모습이 있어서 그 동료가 싫었던 것은 아닌지 생각하게 되었다고 하였다.

그림자를 보며 스트레스의 원인을 생각하게 되었고 힘을 빼고 싶다고 하였다.

4주

Hexagon

헥사곤

매체: 조각 케이크 케이스

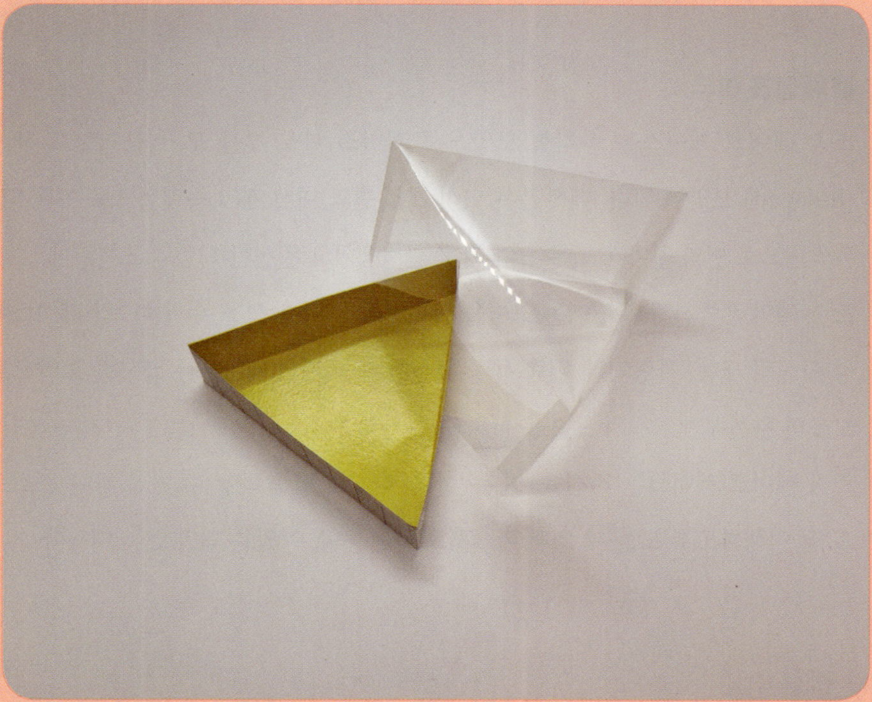

매체: 조각 케이크 케이스

조각 케이크 케이스는 조각 케이크를 포장하기 위한 제품으로 케이크를 담는 받침과 뚜껑으로 구성되어 있다.

매체 활용 이유

조각 케이크 케이스는 삼각형 모양으로 케이스 여섯 개를 모아 붙이면 헥사곤(hexagon) 모양이 된다. 헥사곤은 여섯 개의 변과 여섯 개의 꼭짓점으로 이루어진 다각형으로 변의 길이가 모두 같아 가장 균형적이고 완전한 느낌의 도형이다.

조각 케이크 받침과 뚜껑에는 그림을 그리거나 글자를 적을 수 있다. 각 케이스마다 자신의 재능, 자랑거리, 매력 등을 표현한 후, 6개의 케이스를 헥사곤 모양으로 모으면 완전체인 자신의 모습을 살펴볼 수 있다.

조각 케이크 케이스는 자신을 부분-전체, 다각도로 탐색할 수 있게 하여 스스로를 잘 이해하도록 도울 수 있어 미술치료에 활용할 수 있는 의미 있는 매체다.

Hexagon

목표

1. 자신의 다양한 특성을 탐색할 수 있다.
2. 자신을 부분–전체, 다각도로 이해함으로써 균형적인 삶을 위해 노력해야 함을 인식할 수 있다.

준비물

조각 케이크 케이스 세트(6개), 네임펜, 유성 매직

활동방법

1. 다음의 커피 밸런스 노트에서 바디, 향미, 산미, 단맛, 쓴맛 등 커피의 다양한 특성이 헥사곤 모양으로 표현된 것을 함께 살펴본다.

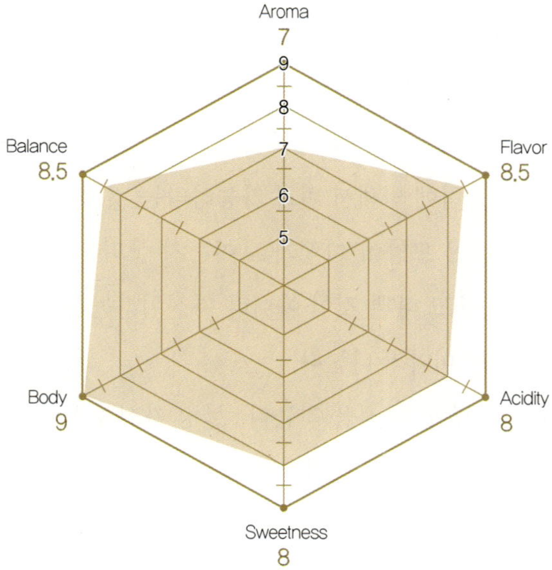

2. 각 조각 케이크 케이스 받침의 넓은 부분에 네임펜으로 삶에서 중요한 여섯 가지 능력인 '실천력, 체력, 자신감, 자기 객관화 능력, 수용 능력, 감사력'을 각각 적는다(과정 1. 사진 참조). 그 후 케이스 받침의 좁은 부분이 0점, 넓은 부분이 5점이 되도록 케이스 오른쪽 면에 눈금선을 그린 후 0~5의 숫자를 적는다(과정 2. 사진 참조).

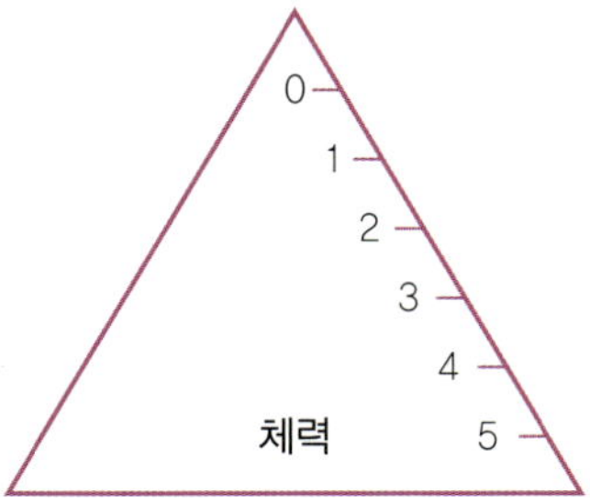

3. 자기 자신에 대해 생각해 보고 자신의 '실천력, 체력, 자신감, 자기 객관화 능력, 수용 능력, 감사력'을 각각 0~5점으로 수치화하여 해당되는 점수에 동그라미를 하고, 6개의 받침을 붙인 후 각 동그라미를 연결하는 선을 그어 방사 그래프 모양이 되게 한다(과정 3. 사진 참조).
4. 자기 자신의 '재능, 가능성, 관계, 자랑, 마음, 매력'에 관련하여 생각해 보고 조각 케이크 케이스 뚜껑에 자신의 긍정적인 특성을 가능한 한 많이 그림으로 그리거나 글로 적는다(과정 4. 사진 참조).
5. 자신이 표현한 내용 중 어떤 특성이 가장 마음에 들며 그 이유는 무엇인지 이야기 나눈다.
6. 받침에 뚜껑을 덮어서 활동방법 2의 능력이 자신의 '재능, 가능성, 관계, 자랑, 마음, 매력'에 의해 가려지는 것을 관찰한다. 자신의 능력을 수치화한 것은 결국 자신의 '재능, 가능성, 관계, 자랑, 마음, 매력'에 의해 가려질 수 있는 것으로 능력의 수치화가 중요한 것이 아니며 수치는 얼마든지 노력에 의해서 변화 가능하다는 것에 대해 이야기 나눈다.
7. 6개의 케이스를 모은 헥사곤 모양이 어떻게 보이는지 살펴본다. 부분이 모여 전체가 되듯 자신의 성향과 특성은 좋고 나쁜 것이 아니라 자신이라는 전체를 만들어 가는 구성의 하나라는 것에 대해 충분히 이야기 나눈다.
8. 균형 잡힌 삶을 위해 노력해야 할 점을 찾는다. 설령 자신의 특정 부분이 부족하다고 느껴지더라도 결국 자신은 완전체이며 균형적인 삶을 만들어 가기 위해 노력함으로써 지금도, 앞으로도 성장할 소중한 존재라는 것에 대해 이야기 나눈다.
9. 활동 후 느낀 점에 대해서 이야기 나눈다.

Tip

1. OHP 필름 활용하여 뚜껑을 원뿔 모양으로 만들 수도 있다.
2. 종이 조각 케이크 받침 2호 6개로 받침을 대신할 수 있다.

과정

과정 1. 능력 적기

과정 2. 눈금선 그리고 숫자 적기

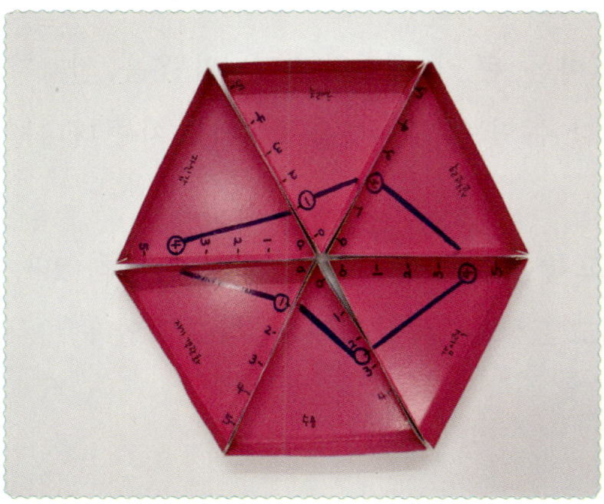

과정 3. 그래프 모양이 되도록 선 긋기

과정 4. 뚜껑에 특성 그리기

사례 1

능력과 다양한 특성 표현

30대 직장인, 남성

자신의 능력 점수는 실천력 3점, 체력 1점, 자신감 4점, 자기 객관화 능력 2점, 수용 능력 1점, 감사력 2점이다.

자신의 다양한 특성은 사랑이 넘치는 따뜻한 마음, 큰 키, 매력적인 덧니와 웃음, 전자기기를 잘 다루는 것, 자동차를 타고 언제 어디든 갈 수 있는 것, 여행을 좋아하고 자주 다니는 것이다.

낮은 점수가 다양한 특성으로 덮이는 것을 보고 좋은 점을 더욱 부각시켜야겠다고 하였다.

균형 잡힌 삶을 위해 일상에서 감사함을 느끼고 표현하도록 노력해야겠다고 하였다.

사례 2

능력과 다양한 특성 표현

고등학교 1학년, 여학생

자신의 능력 점수는 실천력 2점, 체력 1점, 자신감 4점, 자기 객관화 능력 1점, 수용 능력 2.5점, 감사력 4점이다.

자신의 특성은 크고 예쁜 눈망울, 다양한 자랑거리와 자신감, 반려인으로서 따뜻한 마음과 관계를 중요시하는 마음가짐, 에너지가 높고 말하는 것을 좋아하는 것, 뛰어난 뇌, 가능성이다.

찾아보니 생각보다 자신의 좋은 특성이 많은 것 같고 헥사곤 모양을 만들어 자신을 살펴보니 정말 능력보다 매력이 더 빛나는 것 같다고 하였다.

그리고 균형 잡힌 완전체 삶을 위해 체력을 기르는 운동을 하고 자신을 객관적으로 바라보는 연습을 해야겠다고 하였다.

2월

1주 Brand–브랜드

2주 Tattoo–타투

3주 Windmill–바람개비

4주 Larva–애벌레

알아가다

자신의 상징과 심리도식,

바람을 이루기 위한 동기와 방법을 알아가요.

1주

Brand

브랜드

매체: 태그

매체: 태그

태그(tag)는 사람, 사물을 묘사하거나 물건의 정보를 표시하기 위해 붙이는 꼬리표다.

매체 활용 이유

태그는 의류나 신발 브랜드에서 쉽게 구할 수 있는 매체다. 태그에는 상품의 가격 및 재질 등의 세부 사항 그리고 관리 시 유의점과 품질 보증 방법들이 기록되어 있다.

자신을 하나의 브랜드라고 생각하고 자신의 상징을 표현해 보는 것과 자신을 잘 설명할 수 있는 여러 항목을 포함하여 태그를 만들어 보는 작업은 자신을 좀 더 세밀히 알아가는 데 도움이 될 수 있다. 그래서 태그는 미술치료에 활용할 수 있는 의미 있는 매체다.

Brand

목표

1. 자신을 상징하는 브랜드를 만들어 봄으로써 자신의 가치를 인식할 수 있다.
2. 브랜드 태그를 만들면서 자신에 대한 세밀한 탐색을 통해 스스로를 잘 다룰 수 있는 방법들을 찾고 일상생활에서 적용할 수 있다.

준비물

의류나 신발, 가방 등에 부착되어 있던 태그(tag) 여러 개, 펀치, 끈, 옷핀, 색도화지, 사인펜, 가위, 풀

활동방법

1. 브랜드는 기업을 상징하는 상표, 표지다. 자신을 하나의 브랜드라고 생각하고 그 브랜드를 나타내는 상표를 숫자, 글자, 로고, 색상, 구호 등으로 생각해 본 후 색도화지에 그리거나 적는다.
2. 브랜드에 따라 그 브랜드를 표시하는 태그가 있는데 실제 의류나 신발에 부착되어 있는 태그에는 어떤 항목들이 기재되어 있는지 치료사가 준비한 다양한 태그를 살펴본다.
3. 태그에 기록되어 있는 제품명, 모델명, 제조 연월일, 제조자명 등 상품에 대한 상세 설명과 제품에 대한 품질보증, 소비자 분쟁해결 기준, 사용상 주의사항 등을 읽어 본다.
4. 활동방법 1에서 만든 브랜드 상징에 추가하여 자신의 품질보증 방법, 사용상 주의사항 등을 기록한 태그를 만든다.

   예 ① 브랜드 상세 설명: 저는 칭찬을 먹고 자라는 아이예요.

   ② 사용상 주의사항: 비난하는 말은 나의 마음을 망가지게 만들어요.
5. 태그가 완성되면 기록한 부분에 대해 이야기를 나눈 후, 펀치로 구멍을 뚫어 끈으로 묶고 옷핀에 끼워 실제 자신의 옷이나 신체 일부에 부착해 본다.

6. 태그에 기록한 자신의 품질을 보증하기 위한 방법, 사용상 주의사항 등 일상생활 속에서 실천해 볼 수 있는 구체적인 행동 방법을 찾아본다.
7. 활동 후 느낀 점에 대해서 이야기 나눈다.

과정

과정 1. 자신의 브랜드 그리기

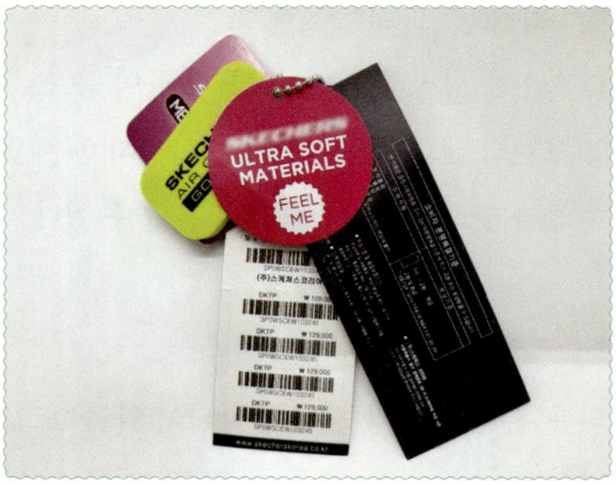

과정 2. 상품 태그의 항목 살펴보기

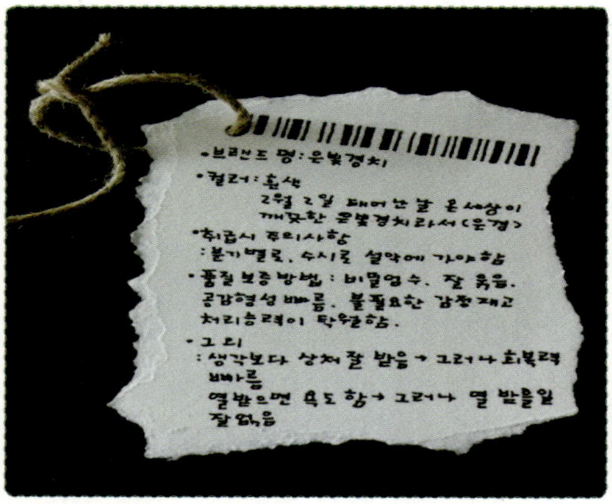

과정 3. 태그 만들기

과정 4. 옷에 부착해 보기

사례 1

자신의 브랜드 그리기

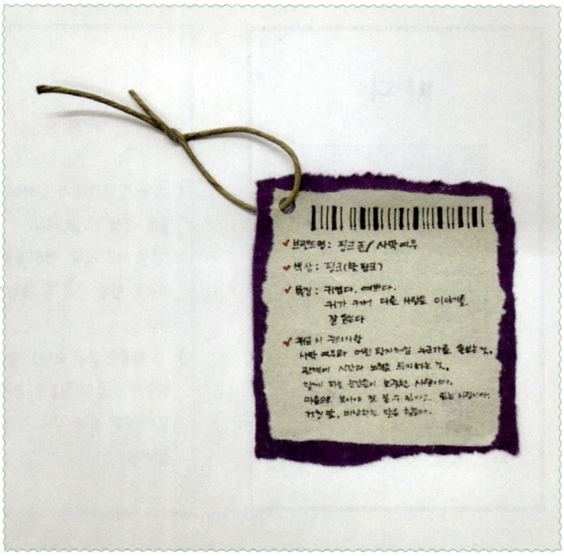

태그 만들기

고등학교 2학년, 여학생

브랜드명은 핑크퐁(사막여우)인데 여우처럼 귀가 커서 다른 사람들의 이야기를 잘 듣는 특징이 있다.

자신은 사막여우와 어린 왕자처럼 누군가를 돌보는 것, 관계에 시간과 노력을 투자하는 것, 함께하는 순간들이 소중한 사람이기에 거친 말, 비난하는 말은 힘들다는 취급 시 주의사항을 기록하였다.

관계에는 노력이 필요하다고 믿기 때문에 친구들에게 자주 안부 문자 보내기, 감사한 일이 생기면 "고마워.", "감사해요."라고 미루지 말고 바로 표현하기 등을 실천해 보겠다고 하였다.

사례 2

브랜드 상표

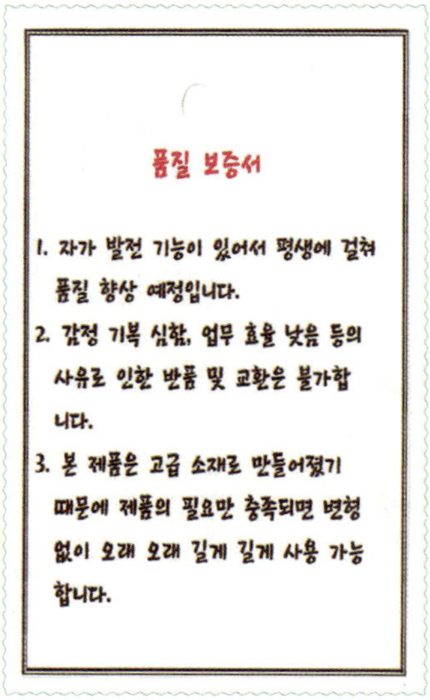

품질 보증 방법

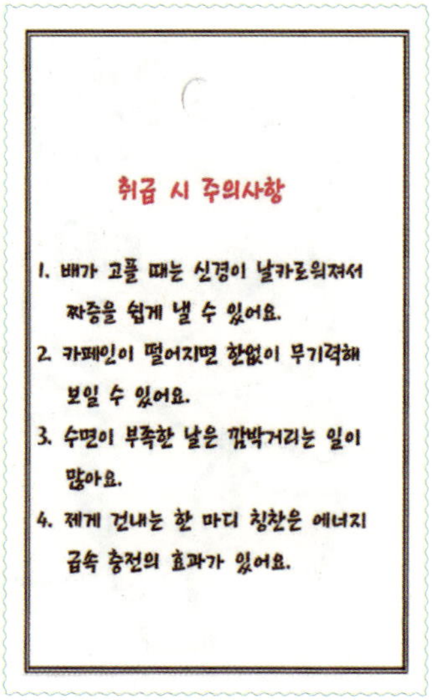

취급 시 주의사항

20대 직장인, 여성

자신의 브랜드를 그림으로 그리고 싶은데 그림을 잘 못 그린다며 미술작업에 대한 방어가 심해 pc를 이용하여 활동을 하였다. 사무직 직장인이어서 익숙하게 pc로 자신의 브랜드 이미지를 찾고, 한글로 취급 시 주의사항과 품질 보증서를 만들었다. 그림을 그리는 부담을 덜어 주니 자기 탐색도 잘하고 활동 후 만족감을 많이 표현하였다.

바다라는 브랜드 상표는 지금 자신의 모습을 나타낸다기보다는 이런 브랜드가 되고 싶다는 의미라고 하였고, 자기 발전을 위해 끊임없이 노력하고 있다는 것을 품질 보증서에 기록하였다.

칭찬이 에너지 충전에 효과가 있다는 취급 시 주의사항이 있는데 매일 한 가지씩 스스로에게 칭찬하여 에너지가 떨어지지 않도록 실천해 봐야겠다고 하였다.

2주

Tattoo

타투

매체: 타투

매체: 타투

타투(tattoo)는 타히티어, 통가제도어, 사모아어의 'tatau'에서 유래된 단어로 피부나 피하조직에 상처를 내고 물감으로 글씨나 그림, 무늬 등을 새기는 일을 말한다.

매체 활용 이유

타투는 미적 취향으로 주로 자신의 가치관이나 신념을 간직하기 위해서나 수술 자국이나 흉터를 가리기 위해서 사용한다.

어린 시절 충분한 사랑과 관심을 받지 못한 경험들은 개인의 초기 부적응 도식 형성에 영향을 미친다. 초기 부적응 도식은 개인의 생각, 느낌, 행동 및 대인관계를 포함한 삶에 부정적인 영향을 끼치게 되는데 낮은 자존감, 안전감 부족, 항상 자신이 실패할 것이라는 믿음 등을 유발한다.

피부에 새겨지거나 달라붙어 쉽게 지워지거나 떨어지지 않는 타투는 어린 시절부터의 자신의 발달과 타인과의 관계 등 일생과 관련되며, 정교화되는 초기 부적응 도식이 끼치는 영향을 이해하도록 도울 수 있기에 미술치료에 활용할 수 있는 의미 있는 매체다.

Tattoo

목표

1. 자신의 초기 부적응 도식을 인식할 수 있다.
2. 자신의 초기 부적응 도식의 치료목표를 충족시킬 수 있는 적응적인 방식을 탐색할 수 있다.

준비물

다양한 모양의 타투 스티커, 간단 도식 검사지, A4 용지, 필기구

활동방법

1. 치료사는 심리 도식 치료에서 말하는 '초기 부적응 도식'에 대해 설명한다.
2. 자신이 가진 심리 도식에는 어떤 것이 있는지 간단 검사를 실시한 후 자신의 초기 부적응 도식 유형을 확인한다(참고 1: p. 55, 간단 도식 검사).
3. 초기 부적응 도식의 수만큼 마음에 드는 타투 스티커를 골라 손등에 겹쳐서 붙인다.
4. 초기 부적응 도식은 어린 시절부터 자신에게 형성되어 지금까지 만성적이고 일반화된 문제인데 자신의 초기 부적응 도식으로 인해 현재 경험하는 어려움에는 어떤 것들이 있는지 탐색한다.

   예 승인-추구/인정-추구: 거절당하기 싫어서 하기 싫은 일도 억지로 하는 것
5. 세면대에 가서 손등에 붙은 타투 스티커를 비누로 지운 후 손등에 붙은 타투 스티커가 어떻게 되었는지 살펴본다.
6. 한번 붙인 타투 스티커를 떼어내려고 하면 잘 떨어지지 않는 것처럼 초기 부적응 도식도 자신에게서 잘 떨어지지 않기 때문에 올바른 치료목표가 필요함을 이야기 나누고 자신의 초기 부적응 도식의 영역에 따른 치료목표를 알아본다(참고 2: p. 57, 5가지 심리 도식 영역에 따른 치료목표).

7. 초기 부적응 도식 영역에 따른 적응적인 대처 방식(참고 3: p. 58, 심리 도식 영역의 치료 목표에 따른 적응적인 방식의 예)을 읽어 보고 자신에게 해당하는 초기 부적응 도식 영역의 적응적인 방법 중 가장 먼저 시도해 볼 수 있는 것을 종이에 적는다.
8. 활동 후 느낀 점에 대해서 이야기 나눈다.

참고 1*

간단 도식 검사

1. 다음의 질문을 읽고 최근 6개월 동안의 상태와 가장 일치하는 점수를 채점 방법을 참고하여 현재 점수란에 기록하세요.

〈채점 방법〉

완전히 나와 다르다.	1	어느 정도 나와 일치한다.	4
대부분 나와 다르다.	2	대부분 나와 일치한다.	5
나와 다른 면보다 일치하는 면이 좀 더 많다.	3	나와 완전히 일치한다.	6

번호	질문	현재 점수
1	날 떠나 버릴지 모른다는 두려움에 사람들에게 매달린다.	
2	사랑하는 사람이 다른 사람을 더 좋아하게 되어 나를 떠날까 봐 굉장히 걱정한다.	
3	사람들의 궁극적인 목적이 무엇인지 경계하는 편이다.	
4	사람들이 나를 해치지 않을까 하는 걱정에 경계를 늦출 수가 없다.	
5	보통 사람들보다 더 자주 병에 걸리거나 다른 나쁜 일이 내게 닥칠까 봐 더 많이 걱정하는 편이다.	
6	파산해서 거지가 되거나 남에게 의탁하게 될까 봐 걱정한다.	
7	살아가는 동안 혼자 힘으로 난관을 극복해 나갈 수 없기 때문에 도움을 줄 사람이 필요하다.	
8	부모님과 나는 서로의 사생활에 지나치게 관여하는 경향이 있다.	
9	나를 돌봐 주거나 나와 마음을 나누거나 내게 일어나는 일에 대해 깊이 염려해 줄 사람이 없다.	
10	사람들이 이해와 공감, 지도, 충고, 지지에 대한 정서적 욕구를 만족시켜 준 적이 없다.	
11	나는 소속감이 없다. 나는 남들과 다르고 어디에도 어울리지 않는다.	
12	나는 따분하고 싫증 나는 사람이다. 사교적인 자리에서 어떻게 이야기해야 할지 모르겠다.	
13	내가 좋아하는 사람이 나의 모든 진실을 알게 되면 나를 사랑할 수 없을 것이다.	
14	다른 사람들의 사랑, 관심, 존경을 받을 가치가 없다.	

* 참고 1의 내용은 Young & Klosko(1994)에서 수정 발췌함

15	일(학업)에 있어서 남들보다 능력이 없다.	
16	남들보다 재능, 지적 능력, 경력이 모자라기 때문에 나는 이 자리에 어울리지 않는다고 느낀다.	
17	다른 사람들이 원하는 대로 해 줄 수밖에 없다. 그러지 않으면 어떤 방식으로든 나에게 보복하거나 나를 거부할 것이다.	
18	사람들은 내가 남들만을 위하고 자신을 위할 줄 모른다고 생각한다.	
19	나는 최선을 다한다. 적당한 수준에 만족할 수 없다.	
20	할 일이 너무 많아서 쉬거나 즐길 시간이 없다.	
21	다른 사람들이 지키는 정상적인 규칙이나 관례를 따를 필요는 없다.	
22	나는 일상적이고 지루한 일들을 완수해 내거나 내 감정을 조절하는 습관을 기르지 못했다.	

2. 해당 문항 점수의 합을 기록하세요.

〈간단 도식 검사 답지〉

부적응 도식	해당 문항	해당 문항 점수의 합
버림받음(유기/불안정)	1, 2	
불신과 학대(불신/학대)	3, 4	
취약성(위험/질병에 대한 취약성)	5, 6	
의존(의존/무능감)	7, 8	
정서적 박탈(정서적 억제)	9, 10	
사회적 소외(사회적 고립/소외)	11, 12	
결함(결함/수치심)	13, 14	
실패(실패)	15, 16	
종속(복종)	17, 18	
무자비한 기준(엄격한 기준)	19, 20	
특권의식(특권의식/웅대성)	21, 22	

※ 해당 문항 점수의 합이 8~12점일 경우 부적응 도식에 해당된다는 의미

참고 2

● 5가지 심리 도식 영역에 따른 치료목표

영역	유형	치료목표
단절 및 거절	유기/불안정	관계의 안정성에 대해 보다 현실적으로 지각할 수 있도록 돕는 것
	불신/학대	신뢰할 만하지 않은 사람들도 있지만 그에 반해 많은 사람이 신뢰할 만하다는 것을 깨닫도록 돕는 것
	정서적 결핍	자신의 정서적 욕구를 자각하도록 돕는 것, 자신의 욕구가 자연스럽고 정상적인 것임을 받아들이도록 돕는 것
	결함/수치심	자존감을 향상시키는 것
	사회적 고립/소외	다른 사람들과의 이질감을 줄이도록 돕는 것
손상된 자율성 및 손상된 수행	의존/무능감	유능감을 증가시키고 타인에 대한 의존을 감소시키는 것
	위험/질병에 대한 취약성	재난적인 사건의 발생 가능성을 낮게 평가하고 자신의 대처 능력에 대한 평가를 높이도록 하는 것
	융합/미발달된 자기	진실된 자기를 억제하고 융합되어 있는 부모상의 정체감을 단순히 수용하기보다 자발적이고 자연스러운 자기, 예를 들어 독특한 선호, 견해, 결정, 재능 및 본성을 표현하도록 돕는 것
	실패	자신의 능력과 재능의 한계 내에서 자신으로 하여금 자신의 동료들만큼 성공적이라고 느끼고 그렇게 되도록 돕는 것
손상된 한계	특권의식/웅대성	자신이 사람들과 상호작용하는 데 있어 상호성의 원리를 받아들이도록 돕는 것
	부족한 자기통제/자기훈련	장기적인 목표를 위해서 단기적인 만족을 포기하는 것의 가치를 깨닫도록 돕는 것
타인-중심성	복종	자신에게 욕구와 감정이 있으며 이를 표현할 권리가 있다는 것을 깨닫도록 하는 것
	자기희생	모든 사람이 자신의 욕구를 충족시킬 수 있는 동등한 권리를 가지고 있다고 가르치는 것
	승인-추구/인정-추구	거짓 자기와는 다른 참된 자기를 갖고 있다는 점을 깨닫도록 하는 것
과잉 경계 및 억제	부정성/비관주의	미래를 보다 객관적으로, 보다 긍정적으로 예상할 수 있도록 돕는 것
	정서적 억제	더 정서적으로 표현하고 자발적이 되도록 돕는 것
	엄격한 기준/과잉비판	엄격한 기준과 과도한 비판을 줄이도록 돕는 것
	처벌	덜 처벌적이고 좀 더 관대해지도록 돕는 것

출처: Rafaeli, Bernstein, & Yonug (2011).

참고 3

심리 도식 영역의 치료목표에 따른 적응적인 방식의 예

영역	적응적인 방식
버림받음	• 당신의 어릴 적 버림받음을 이해하라. • 버림받음의 느낌을 모니터하라. • 과거 관계를 고찰하고 재발하는 양상을 명백히 하라. 버림받음의 함정을 목록화하라. • 그들이 공감대를 형성했다 해도 약속을 지키지 않고 불안정한 혹은 양가적인 연인을 피해라. • 안정되고 약속을 지키는 배우자를 찾을 때 상대방을 믿어라. • 매달리지 말고 질투하지 말고 건강한 관계의 정상적 이별에 과잉 반응하지 마라.
불신과 학대	• 가능하다면 이 도식에 대해 당신을 도울 치료자를 만나라. 특히 당신에게 성적 학대나 신체적 학대가 있었다면 그렇게 하라. • 당신을 믿는 친구 혹은 치료자를 찾아라. 학대의 기억을 회상하도록 노력하라. 세세하게 각각의 사고를 경감하라. • 상상하는 동안 학대자에 대한 당신의 화를 발산하라. 이미지에서 무력한 느낌을 멈춰라. • 자신을 비난하는 것을 멈춰라. 당신은 학대를 받을 만하지 않았다. • 이 도식이 작동하는 동안 학대자와 접촉을 줄이거나 중지하라. • 가능하다면 준비되었을 때 얼굴을 맞대고 학대자를 직면하거나 편지를 보내라. • 현재 관계에서 학대를 참는 것을 멈춰라. • 그럴 가치가 있는 사람들을 믿고 가까워지도록 노력하라. • 당신의 권리를 존중하고 당신에게 상처 주기를 원치 않는 배우자와 함께하라. • 가까운 사람을 학대하지 마라.
결함	• 어린 시절의 결함과 수치의 감정을 이해하라. • 도피나 반격으로 결함에 대처하는 신호들을 열거해 보라. • 도피나 반격을 위한 행동들을 그만두도록 노력하라. • 자신의 결함과 수치의 감정 상태를 체크하라. • 가장 많이 매력을 느꼈던 이성과 덜 느꼈던 이성을 나열해 보라. • 어렸을 때와 청소년이었을 때의 장점과 단점을 나열하라. 현재의 장점과 단점을 나열해 보라. • 현재의 결함이 어느 정도 심각한지 평가해 보라. • 바로잡을 수 있는 결함에 대해서는 변화시킬 계획을 세워라. • 자신의 비판적인 부모에게 편지를 써라. • 친밀한 관계에서는 좀 더 진실해지도록 노력하라. • 가까운 사람들의 사랑을 받아들여라. • 사람들이 당신을 함부로 대하지 못하게 하라. • 만약 어떤 관계에서 당신이 상대를 비난하는 입장이라면 상대방을 무시하는 것을 중지하라. 다른 친밀한 관계에서도 마찬가지다.

출처: Young & Klosko (1994).

사례 1

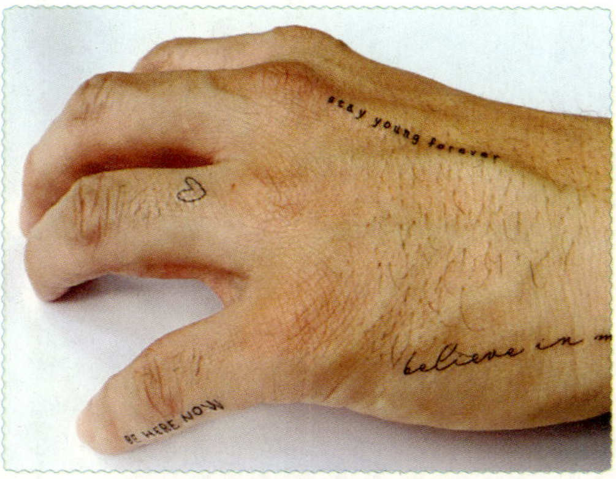

손등에 타투를 붙인 모습

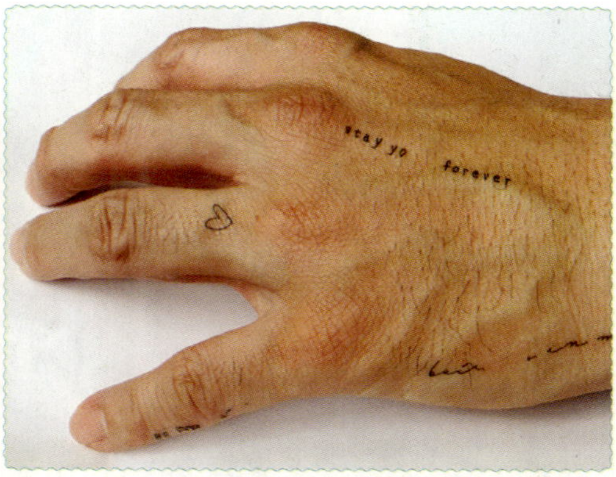

손을 씻은 후에도 손등에 남은 타투

고등학교 2학년, 남학생

초기 부적응 도식 검사 결과 버림받음, 불신과 학대, 결함–수치심 영역에 해당하였다. 부모님의 이혼으로 아버지와 함께 살고 있는데 자신이 버림을 받게 될까 봐 많이 힘들고, 어머니와 연락이 되지 않으면 불안하여 연락이 될 때까지 메시지를 보낸다. 부모님과의 관계에서 자신이 애정을 많이 갈구하는 편이며, 친구에게도 애정을 갈구해 남자 친구보다는 여자 친구가 주변에 더 많다. 자신에게 관심을 더 많이 줄 수 있도록 과한 행동을 많이 한다고 하였다.

타투를 처음 붙일 때에는 예뻤으나 시간이 지나면서 지저분해지고 너무 많이 붙여 보기 싫은 것 같다. 손을 씻고 왔으나 깨끗하게 지워지지 않아 손이 더러워 보인다고 하였다.

미술치료 과정에서 심리 도식에 따른 치료목표를 함께 살펴보고 핵심적 정서 욕구를 충족하기 위한 방법으로 부모의 이혼과 자신을 버리는 것은 다르다는 것을 인식하였다. 자신을 사랑받을 사람, 귀한 사람으로 여기어 자신을 먼저 보살펴 주고 스스로를 존중하기로 하였다. 친구나 부모님과의 관계에서 감정적으로만 대하지 않기로 하였다.

사례 2

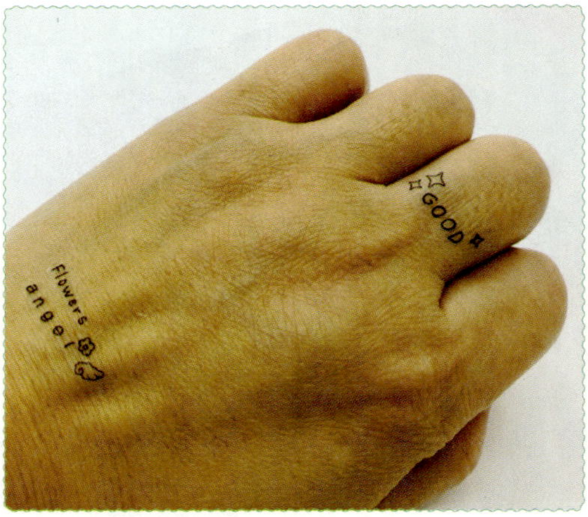

손등에 타투를 붙인 모습

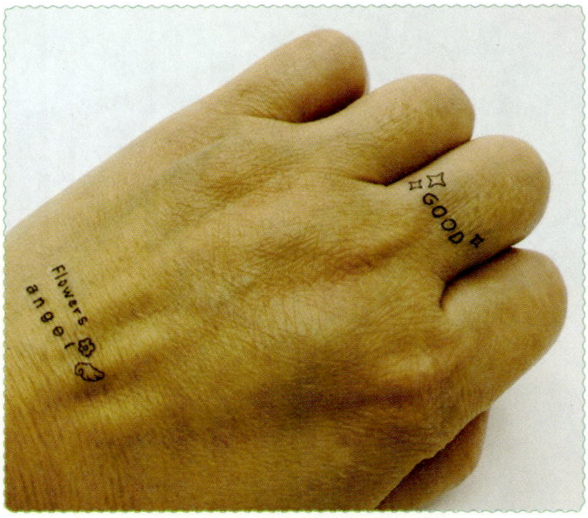

손을 씻은 후에도 손등에 남은 타투

40대 주부, 여성

초기 부적응 도식 검사 결과 유기–불안정, 복종, 자기희생에 해당하였다.

자신의 의견이나 욕구보다는 주변 사람들의 의견을 더 반영하고, 혼자 결정하지 못하는 편이다. 갈등이 생기거나 불편한 이야기를 하지 못해 가끔 남편이 자신을 답답해한다. 갈등 시 먼저 미안하다고 사과를 해서 해결한다. 자신이 조금 더 부지런히 움직이면 자신과 주변 사람들이 편해질 것이라는 생각에 자신을 희생하는 편이라서 보살이라는 별명이 있다고 하였다.

최대한 자연스럽게 팔찌처럼 손목에, 반지처럼 손가락에 타투를 붙였다. 비누로 씻어도 잘 씻어지지 않자 불편해하였으며 깨끗하게 지울 수 있는 방법을 계속 질문하였다.

타투가 잘 떨어지지 않는 것처럼 초기 부적응 도식도 어린 시절부터 시작되어 자신에게 달라붙어 있는 것이라는 이야기를 나누면서 자신의 도식 검사 결과 해당 영역에 따른 치료 목표를 살펴보았다.

자신에게도 욕구와 감정이 있으며 이를 표현할 권리가 있다는 것을 깨닫고 모든 사람이 자신의 욕구를 충족시킬 수 있는 동등한 권리를 가지고 있음을 인식하도록 하였다.

자신의 의견을 표현하는 방법을 알아보고 지나치게 타인에게 맞추는 것에 대해 합리화하지 않기로 하였다. 또한 자신과 관련된 작은 일에도 자신의 의견을 내어 보기로 하였다.

3주

Windmill

바람개비

매체: 바람개비

매체: 바람개비

바람개비(windmill)는 바람을 이용해 가지고 노는 장난감의 하나다. 바람개비에 소망을 적어 바람에 날려 보내기도 하고, 바람의 속도와 방향을 확인하기 위해 바람개비를 활용하기도 한다. 바람개비는 바람을 시각화시켜 바람의 흐름을 보여 주는 매체다.

매체 활용 이유

바람개비를 움직이는 바람처럼 자신을 움직이게 하는 힘을 탐색하고 시각화시켜 바람개비를 만들어 보는 작업은 자기 이해도를 높일 수 있다.

바람개비는 바람의 힘이 너무 세거나 약하면 돌지 않는다. 이처럼 자신을 움직이게 하는 힘이 너무 과하거나 약하면 다양한 어려움을 경험할 수 있다는 것을 인식하여 일상생활 속에서 자신을 움직이게 하는 힘을 적절하게 조절하도록 도울 수 있어 바람개비는 미술치료에 활용할 수 있는 의미 있는 매체다.

Windmill

목표

1. 자신을 움직이게 하는 힘을 탐색하여 자기 이해도를 높일 수 있다.
2. 자신을 움직이게 하는 힘을 일상생활 속에서 적절하게 사용할 수 있다.

준비물

색종이, 수수깡, 핀, 가위, 유성 매직

활동방법

1. 바람이라는 동력에 의해 움직이는 바람개비를 살펴보며 자신을 움직이게 하는 힘은 어떤 것들이 있는지 탐색한다.
2. 색종이를 삼각형으로 자른다.
3. 자신을 움직이게 하는 힘들을 삼각형으로 자른 색종이에 적고 어떤 힘이 큰지 살펴본다.
   예 타인에게 인정 · 사랑 받기 위함, 불안하지 않게 미리 준비함, 알고자 하는 호기심, 스스로의 만족감, 명예, 책임감 등
4. 삼각형의 끝부분을 모아 수수깡에 핀으로 고정시킨 후 색종이를 벌려 바람개비를 만든다.
5. 입으로 다양한 세기의 바람을 불어 바람개비를 돌려 본다. 바람의 세기에 따라 다르게 움직이는 바람개비의 모습을 관찰하고 어떤 느낌이 드는지 이야기 나눈다.
6. 바람의 힘이 너무 강하거나 약하면 바람개비가 잘 돌아가지 않는 것처럼 자신을 움직이게 하는 힘이 너무 과하거나 부족하여 어려움을 경험한 일에 대해 이야기 나눈다.
7. 일상생활에서 자신을 움직이게 하는 힘을 적절하게 사용할 수 있는 방법을 찾아본다.
8. 활동 후 느낀 점에 대해서 이야기 나눈다.

Tip

색종이를 여러 장 준비하여 자신을 움직이는 힘의 개수에 따라 날개가 많은 바람개비를 만들어도 좋다.

과정

과정 1. 삼각형으로 자르기

과정 2. 색종이에 표현하기

과정 3. 수수깡에 꽂기

과정 4. 바람개비 모양 만들기

사례 1

자신을 움직이는 힘

고등학교 1학년, 여학생

인정받고 싶은 욕구, 불안, 호기심, 모두에게 잘 보이고 싶은 마음이 자신을 움직이는 힘이다. 가장 큰 인정욕구와 불안이 학업 성취를 이루는 데 도움이 되었지만, 고등학교 진학 후 학업을 따라가기 힘들었다고 하였다.

바람을 세게 불었을 때 바람개비가 잘 돌아가지 않는 모습을 관찰하면서 인정받고 싶은 마음 때문에 성적이 좋지 않은 자신을 사람들이 좋지 않게 볼 것 같아서 더 불안하고 우울해지면서 무기력하게 된다고 하였다.

현재는 호기심이 가장 약한 상태라고 하며 호기심이 많아 공부가 재미있었던 초등학교와 중학교 시절을 떠올렸다. 바람을 살살 불어 돌리는 것처럼 호기심 가는 것을 찾아 조금씩 해 나가며 활력을 되찾겠다고 하였다.

사례 2

자신을 움직이는 힘

50대 직장인, 여성

장녀로서 가족에 대한 책임, 일에 대한 욕심, 평가받는 것에 대한 두려움, 늦둥이 자녀를 돌보는 것이 자신을 움직이는 힘이라고 하였다.

바람의 힘이 너무 강할 때 바람개비가 돌다가 망가지는 것처럼, 가족 전체의 일을 자신이 모두 해결해야 한다는 생각이 책임감을 넘어 부담으로 자리 잡고 있어 힘들다고 하였다.

원가족과 건강하게 분리되지 못하고 있는 자신을 알지만 실천이 어렵다고 하였다. 지금은 자녀를 돌보는 것이 가장 중요하고 시급한 일이라는 점을 유념하여, 우선순위를 정해서 원가족의 문제가 일어나더라도 자녀와의 약속을 먼저 지키고, 일을 줄이고 자녀를 돌보는 시간을 확보하여 균형을 잡아 나가겠다고 하였다.

4주

Larva

애벌레

매체: 습자지

매체: 습자지

습자지는 붓글씨 쓰기 연습을 위한 종이다. 습자지는 물이 닿으면 수축과 팽창을 하는 특성을 가지고 있다.

매체 활용 이유

습자지는 완성을 위한 종이가 아닌 연습을 위한 종이다. 아직 다 자라지 않은 미숙한 상태의 애벌레를 습자지로 만드는 작업은 미숙한 자신을 인지할 수 있는 활동이다. 습자지는 이루고 싶은 것을 위해 부단히 애쓰고 노력하여 성장하고 싶은 욕구를 잘 표현할 수 있어 미술치료에 활용할 수 있는 의미 있는 매체다.

Larva

목표

1. 이루고 싶은 것을 이루기 위해 그동안 애쓴 것에는 어떤 것이 있는지 알아차릴 수 있다.
2. 이루고 싶은 것을 이루기 위해 자신에게 필요한 것을 알 수 있다.

준비물

습자지, 분무기, 굵은 빨대, 얇은 빨대, 사인펜, 풀

활동방법

1. 자신이 생각하는 애벌레에 대한 생각이나 느낌 등을 이야기 나눈다.
2. 이상권의 『위로하는 애벌레』라는 책의 한 대목을 읽는다.

> 애벌레는 살아 있는 옷을 입고 있다. 애벌레의 옷에는 피가 흐른다. 그 옷은 몸을 지켜 주는 보호막이고 체형을 지탱해 주는 뼈대이고, 세상 모든 것들하고 만나는 경계다. 날카로운 가시가 파고 들면 푹 움츠러들면서 그 서슬을 피하고, 무거운 돌에 눌리면 온몸이 납작해지면서 그 무게를 이겨 내니까 돌보다, 가시보다 더 강하다. 그 물렁물렁함을 보호해 주는 옷은 애벌레가 일정하게 자라게 되면 몸에 꽉 쪼여 성장을 방해하니까 반드시 새 옷으로 갈아입어야 한다. 그러나 피의 흐름을 끊고 헌 옷을 벗어 내기까지는 고통스러운 시간을 견뎌 내야만 한다. 애벌레들은 이런 식으로 성인식을 치른다. 그래야 살아갈 수 있으니까. 성장이란 이토록 고통스러운 침묵의 시간이다.
>
> -『위로하는 애벌레』 1. 천상의 색을 입다. 주홍각시 애벌레(pp. 22-23).

3. 자신에게도 애벌레 상태의 미숙함과 성장이 필요한 순간이 있었는지 생각해 보고, 이루고 싶은 것에는 어떤 것이 있었는지 이야기 나눈다.
4. 이루고 싶은 것을 위해 자신이 해 본 노력들이 있다면 어떤 노력을 해 보았는지 이야기 나

눈다. 만약 아직 시도해 본 노력이 없다면, 시도가 어려운 이유에 대해 이야기 나눈다.

5. 애벌레를 떠올리며 여러 가지 색의 습자지 중 한 장을 선택하여 사인펜으로 자신이 시도해 본 노력을 그림으로 그리거나 글로 적는다.
6. 굵은 빨대에 습자지를 감고 끝은 풀칠하여 고정한 다음, 습자지를 빼서 다시 얇은 빨대에 끼우고 주름을 만든다.
7. 습자지를 감는 데 사용한 빨대를 빼고 구겨서 애벌레를 만든다.
8. 애벌레가 성장을 위해 애써 온 시간을 떠올리며, 습자지로 만든 자신의 애벌레에 분무기로 물을 뿌려 꿈틀거리는 모습을 관찰한다.
9. 애벌레가 성장을 위해 탈피와 번데기가 되기까지 고통스러운 침묵의 시간을 거치듯 자신이 이루고 싶은 것을 위해 노력하는 시간 동안 지루하고 힘들었던 순간에 대해 이야기 나눈다.
10. 자신의 애벌레를 멋진 나비로 성장시키기 위해 필요한 것은 무엇인지 이야기 나눈다.
11. 활동 후 느낀 점에 대해서 이야기 나눈다.

과정

과정 1. 시도해 본 것 그리기

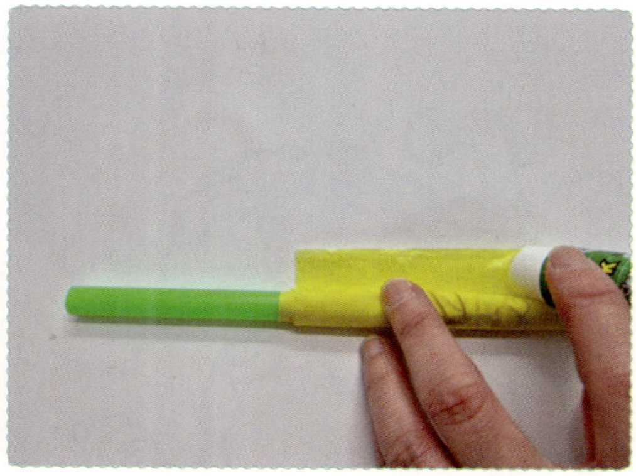

과정 2. 굵은 빨대에 습자지를 감고 풀칠하기

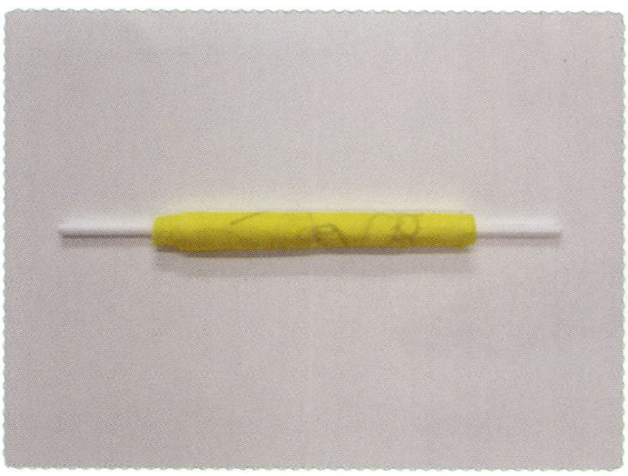

과정 3. 얇은 빨대에 다시 끼우기

과정 4. 구겨서 주름 만들기

과정 5. 빨대를 빼서 애벌레 만들기

과정 6. 물을 뿌려 애벌레 관찰하기

사례 1

운동

식단 조절

애벌레

중학교 3학년, 남학생

평소 왜소한 체격으로 또래들에게 무시당하고 괴롭힘을 당하여 우선 체력을 키워야겠다고 생각했다. 헬스장에 등록하고 집에서도 운동을 하며 근육을 키우기 위해 식단도 조절하는 노력을 해 보았다.

애벌레가 꿈틀거리며 커지는 속도가 각각 다른 것을 보고 각자의 성장 속도가 있듯이, 지금은 조금 약하지만 이렇게 운동을 열심히 하면 언젠가는 몸이 좋아질 것 같다. 그리고 작은 목소리와 움츠리고 다니는 자세도 고쳐 본다면 좀 더 자신감 있어 보일 것 같다고 이야기하였다.

사례 2

등산

미용실

애벌레

40대 주부, 여성

우울한 기분을 해소하기 위해 외출도 하고, 꾸준히는 못 하였지만 집 앞의 산에도 오르며 유산소 운동을 해 보았다. 오랜만에 미용실도 가서 헤어 스타일을 바꾸는 노력도 해 보았다.

애벌레를 만들 때 빨대에 감은 습자지가 잘 빠지지 않는 것이 마치 작은 애벌레가 살아 내려고 발버둥을 치는 것 같았다. 그리고 물을 뿌렸더니 애벌레가 조금씩 움직이는 것을 보고 자신의 작은 노력이 언젠가는 우울한 기분을 사라지게 할 수 있을 것 같다는 생각을 가지게 되었다고 하였다. 우울한 기분을 해소하기 위해 해 볼 수 있는 노력으로 집 앞의 산을 오르는 것을 꾸준히 해 보아야겠다고 결심을 말하였다.

3월

1주 Safety hat–안전모

2주 Apron–앞치마

3주 Wrapping–랩핑

4주 Shelter–대피소

안전하다

자신을 힘들게 하고 좌절하게 하는 상황으로부터
보호받고 쉴 수 있는 공간 안에서 안전해요.

1주

Safety hat

안전모

매체: 안전모

매체: 안전모

안전모(safety hat)는 물건이 떨어지거나 사람이 추락하는 경우 상해를 방지하기 위해 신체에서 가장 중요한 머리를 보호하는 모자다.

매체 활용 이유

공사장이나 작업장 또는 운동 경기에서 주로 사용하는 안전모는 평소에는 착용할 일이 거의 없다. 그러나 안전모는 구입이 용이하여 쉽게 구매할 수 있고, 직접 착용하여 위험으로부터 보호받고 자신을 안전하게 지켜 주는 것을 느껴 볼 수 있다.
안전모는 자신이 최근 느낀 불편한 상황, 좌절했던 상황과 관련한 부정적 감정으로부터 심리적으로 편안하고 안전하게 자신을 지킬 수 있는 방법을 상징적으로 탐색할 수 있도록 도울 수 있어 미술치료에 활용할 수 있는 의미 있는 매체다.

Safety hat

목표

1. 자신이 최근 느낀 불편한 상황, 좌절했던 상황과 관련한 부정적 감정에 대해 탐색할 수 있다.
2. 부정적 감정을 재구조화할 수 있다.
3. 자신의 욕구와 바람을 알고 그것을 이루기 위해 자신의 행동을 변화시킬 수 있다.

준비물

안전모, 부정적 감정의 재구조화 활동지, 네임펜, 연필

활동방법

1. 자신이 최근에 겪었던 불편한 상황, 좌절했던 상황에 대해 생각해 본다.
2. 활동지에 좌절했던 상황과 그때 느꼈던 부정적인 감정 반응을 적는다(참고: p. 81, 부정적 감정의 재구조화 활동지).

예 좌절했던 상황

	아동의 경우	성인의 경우
좌절했던 상황	나를 좌절하게 하는 것은 내가 불러도 친구가 대답을 안 하는 거예요.	나를 좌절하게 하는 것은 남편이 나의 말을 끝까지 듣지 않고 틀렸다고 하는 거예요.
감정	그러면 나는 무시당하는 기분이 들어요.	그러면 나는 두렵고 비난받는 기분이 들어요.

3. 자신의 행동 반응을 적고 숨겨진 두려움을 적는다.

예 숨겨진 두려움

	아동의 경우	성인의 경우
행동	그래서 내가 한 행동은 친구를 툭 치고 지나갔고 친구가 나를 불러도 대답을 안 했어요.	그래서 내가 한 행동은 화를 냈고 가능한 멀리 했어요.
숨겨진 두려움	내 안의 숨겨진 두려움은 친구와 멀어지는 거예요.	내 안의 숨겨진 두려움은 큰 싸움으로 커지는 거예요.

4. 두려움을 통해 바라본 자신의 욕구, 바람이 무엇인지 찾아 적고 그림이나 색으로 안전모의 안쪽에 표현한다.

예 욕구, 바람

	아동의 경우	성인의 경우
바람	내가 바라는 것은 친구와 친하게 지내는 거예요.	내가 바라는 것은 남편과 대화하는 거예요.

5. 자신의 욕구, 바람을 안전모처럼 보호하면서 욕구와 바람을 이루기 위해 자신이 할 수 있는 일을 생각해 보고 안전모 바깥쪽에 네임펜으로 적거나 그린다.
6. 안전모를 쓰고 활동방법 5에서 적거나 그린 내용을 행동으로 연습해 보고 자신이 할 수 있는 일들이 안전모처럼 자신을 안전하게 해 주어 욕구와 바람을 지켜 나갈 수 있음을 이야기 나눈다.
7. 활동 후 느낀 점에 대해서 이야기 나눈다.

참고

● 부정적 감정의 재구조화 활동지(복사해서 사용할 수 있어요)

1. 불편했거나 좌절했던 사건을 쓰세요.
   나를 불편하게/좌절하게 하는 것은 ______________________________

2. 그 상황에서 느끼는 감정을 쓰세요.
   그러면 나는 ______________________________ 이런 기분이 들어요.

3. 그 상황에서 실제로 한 행동을 쓰세요.
   그래서 내가 한 행동은 ______________________________

4. 숨겨진 두려움을 쓰세요.
   내 안의 숨겨진 두려움은 ______________________________

5. 두려움을 통해 본 욕구, 바람을 쓰세요.
   내가 바라는 것은 ______________________________

6. 욕구, 바람을 성취하기 위해 할 일을 쓰세요.
   나의 욕구, 바람을 성취하기 위해서 내가 할 일은 ______________________________

출처: Luquet (1996), p. 254의 좌절감 재구조화를 참고하여 일부 수정하여 사용함

사례 1

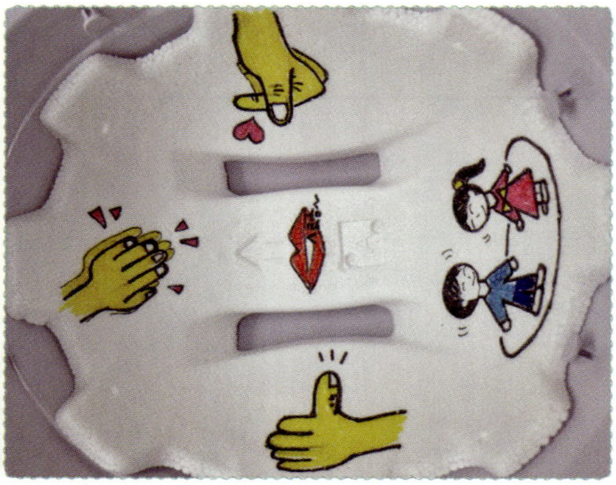

자신의 욕구와 바람

자신이 할 일

40대 직장인, 여성

최근에 겪었던 불편한 상황이나 좌절했던 상황은 배우자와 싸웠던 일이다.

자신의 욕구, 바람을 표현하면서 남편과 대화를 할 때 어려움이 있고 평소에 '잘한다, 최고다, 멋지다, 대단하다.' 등의 지지의 말이나 따뜻하고 사랑스러운 표현을 듣지 못하여 속상하다고 하였다.

이 욕구와 바람을 이루기 위하여 '원하는 것을 정확하게 말하는 연습을 하여 분명하게 말하기', '각자 좋아하는 차를 준비하여 대화하는 시간 가지기', '따뜻함을 가지고 서로의 마음을 어루만지는 느낌으로 말해 보기'를 해 봐야겠다고 하였다.

사례 2

자신의 욕구와 바람

자신이 할 일

초등학교 6학년, 여학생

최근에 겪었던 불편한 상황으로 학교에서 친구와 친하게 지내는 것에 대한 어려움을 이야기하였다.

자신의 바람으로 친구와 하고 싶은 것은 인생네컷 사진찍기, 노래방 가기, 영화관 가기, 집에 초대하여 간식 먹으며 놀기다.

이 바람을 이루기 위해 자신이 할 일은 메신저를 시작하여 친구와 연락하며 소통하기, 함께 좋아하는 게임하기, 생일 파티에 친구 초대하기, 친구 생일에 선물 주기라고 하였다.

2주

Apron

앞치마

매체: 일회용 앞치마

매체: 일회용 앞치마

앞치마(apron)는 부엌일을 할 때 물이나 음식이 옷에 튀거나 묻지 않도록 몸 앞을 가리는 치마다. 앞치마는 요리 외에도 음식점에서 흔히 착용하는 것으로 요즘에는 부직포로 만든 일회용 제품이 많이 사용되고 있다.

매체 활용 이유

일회용 앞치마는 가볍고 가격이 저렴하며 음식점에서 이미 한번 사용한 앞치마라도 버리기 전 미술치료 작업이 얼마든지 가능해 구입과 장만이 쉬운 매체다. 일회용 앞치마는 주로 흰색, 검은색이 많이 보급되어 있는데 흰색에는 유성 매직으로, 검은색에는 화이트 펜이나 흰색 유성펜으로 그림을 그릴 수 있다.
자신을 힘들게 하는 상황에 노출될 때 앞치마의 보호 기능처럼 자신을 안전하게 보호하고 지킬 수 있는 것을 찾아볼 수 있어 앞치마는 미술치료에 활용할 수 있는 의미 있는 매체다.

Apron

목표

1. 자신을 힘들게 하는 상황, 사람의 유형, 감정, 언어 등에 어떤 것들이 있는지 알 수 있다.
2. 자신을 힘들게 하는 상황, 사람의 유형, 감정, 언어 등에 노출될 때 자신을 안전하게 보호하거나 지킬 수 있는 방법과 자원을 찾아 실제 상황에서 활용할 수 있다.

준비물

일회용 앞치마, 유성 매직 또는 크레파스

활동방법

1. 자신을 힘들게 하는 상황이나 사람의 유형, 감정, 언어는 어떤 것들이 있는지 생각해 보거나 경험을 떠올려 본다.
2. 활동방법 1에서 탐색한 자신을 힘들게 하는 상황에서 자신을 보호하거나 지킬 수 있었던 자신만의 방법과 자원은 어떤 것들이 있는지 이야기 나눈다.
3. 힘든 상황에서 자신을 보호하거나 지켜 줄 수 있는 안전한 환경 또는 안전한 심리상태를 만드는 방법, 행동, 말 등을 일회용 앞치마에 유성 매직 또는 크레파스로 그림을 그리거나 문자, 기호, 색으로 표현한다.
4. 힘든 상황에서 자신을 안전하게 지켜 줄 수 있는 것들이 그려진 앞치마를 착용한 후 자신이 힘든 일이 있을 때 활용하기 위하여 앞치마에 그려진 그림이나 문자, 기호, 색들을 자신에게 말해 보는 시간을 가진다.

   예 ① 나는 "○○야, 괜찮아. 힘내자."라고 자신에게 말할 거야.

   ② 너무 속상할 때는 엄마랑 같이 갔던 바다를 생각할 거야.
5. 활동 후 느낀 점에 대해서 이야기 나눈다.

사례 1

부직포 앞치마에 그린 그림

앞치마 착용 사진

고등학교 2학년, 남학생

부모님께 야단 듣고 마음이 안 좋을 때 여자 친구가 "힘내.", "네가 제일 멋져."라고 말해 주면 마음이 편해진다고 하였다.

여자 친구가 따뜻한 말로 자신을 위로해 줄 때 제일 자신이 안전한 곳에서 보호받는 느낌이 든다며 여자 친구가 자신을 안아 주는 그림을 그렸다.

사례 2

비닐 앞치마에 그린 그림

앞치마 착용 사진(남편과 함께 작업)

30대 결혼 이주민, 여성

낯선 나라에 남편만 보고 와서 살면서 외로울 때도 많고, 고국인 일본에 계신 부모님이 보고 싶을 때도 많고, 언어가 안 통해 답답할 때도 많다.

마음이 힘들 때 남편이랑 커피를 마시거나 달콤한 케이크를 먹으면 위로가 되고, 무엇보다 남편과 아이들과 함께 나들이 가고 재미있게 놀 때 가장 안전감을 느낀다고 하였다.

3주

Wrapping

랩핑

매체: 랩핑 액자

매체: 랩핑 액자

랩핑 액자(wrapping frame)는 글이나 글씨, 사진, 오브제 등을 투명한 랩 사이에 넣어 보관하여 양방향으로 볼 수 있는 액자다.

매체 활용 이유

랩핑 액자는 액자 안의 물건을 오랜 시간 동안 변형 없이 안전하게 보호할 수 있다. 또한 양면이 투명하여 언제든 내용물을 쉽게 확인하거나 볼 수 있는 장점이 있다. 랩핑 액자 안에 자신에게 심리적으로 안정감을 주는 것들을 넣고 안전하게 보호하여 힘들 때마다 바라보며 심리적 안정감을 강화할 수 있어 랩핑 액자는 미술치료에 활용할 수 있는 의미 있는 매체다.

Wrapping

목표

1. 자신에게 안정감이 필요한 상황을 인식할 수 있다.
2. 심리적 안정감을 주는 것을 찾아 랩핑 액자로 만들어서 보호함으로써 심리적 안정감이 필요한 상황에 사용할 수 있다.

준비물

랩핑 액자, 아이클레이, 잡지, 색종이, 가위

활동방법

1. 자신에게 심리적 안정감이 필요한 상황은 언제인지 탐색한다.
2. 심리적 안정감이 필요한 상황에서 자신에게 안정감을 주는 것이나 편안한 심리상태로 만들 수 있도록 돕는 것은 무엇인지 탐색한다.

   예 사람, 물건, 장소 등
3. 활동방법 2에서 탐색한 것을 아이클레이 또는 색종이로 만들거나 잡지에서 찾아 오린다.
4. 활동방법 3에서 만든 물건들을 랩핑 액자에 넣는다.
5. 자신에게 심리적 안정감을 주는 것을 랩핑 액자에 보존하여 사라지지 않고 안전하게 보관하는 것이 어떤 느낌을 주는지 이야기 나눈다.
6. 심리적 안정감이 필요할 때 활동방법 4에서 만든 랩핑 액자를 어디에 두면 손쉽게 사용할 수 있을지 생각해 보고 이야기 나눈다.
7. 활동 후 느낀 점에 대해서 이야기 나눈다.

Tip
장시간 보관이나 부피가 큰 물건의 사용으로 랩 부분이 늘어났다면 드라이기로 열을 가해 늘어난 부분을 복원할 수 있다.

주의사항
랩핑 액자 안에 날카롭거나 부피가 큰 작품을 넣으면 랩핑이 손상될 수 있다.

사례 1

안정감을 주는 미싱 작업

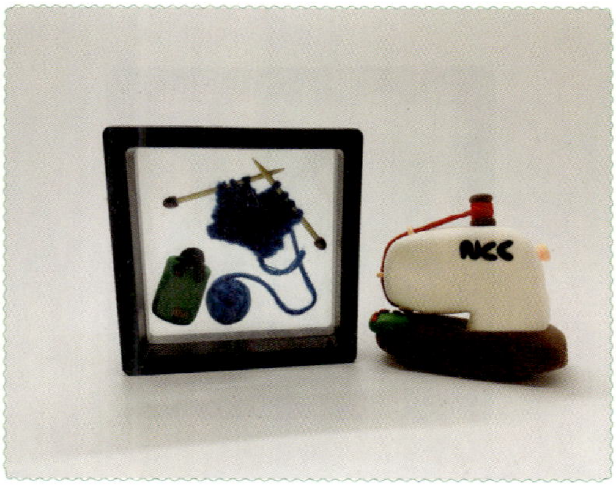

완성된 가방과 옷들

40대 주부, 여성

미싱을 하면서 가방과 옷을 만드는 작업은 안정감을 준다. 이것을 하고 있을 때면 힘든 일들을 잠시 내려놓게 되고 가방과 옷을 만드는 것에 집중할 수 있어서 좋다. 그런데 요즘 친정 엄마의 건강이 좋지 않고, 남편의 사업이 잘 되지 않는 것 같아 눈치가 보여 가방 만드는 일을 하지 못하고 있었다고 하였다.

자신에게 안정감을 주는 것을 아이클레이로 만들어 보면서 실제 미싱으로 가방을 만들지 않아도 편안함을 느낄 수 있어 좋았다. 클레이로 만든 가방과 옷을 랩핑 액자에 넣어 두고 미싱 작업을 하지 못할 때 보면서 편안함을 느껴 보고 싶다고 하였다.

사례 2

넓은 공원에서의 달콤한 휴식

공원에서 여유를 즐기는 모습

대학교 3학년, 남학생

차를 몰고 큰 나무들 사이에서 좋은 공기를 마시며 쉬고 싶다. 아무도 없는 공원에서 차 안에 앉아 음악을 듣거나 커피를 마시고 혼자 여유를 즐기고 싶다고 하였다.

내년이면 졸업반이라 취업에 대한 걱정이 크다. 졸업과 동시에 좋은 회사에 취업을 해 부모님의 걱정을 덜어 주었으면 좋겠는데 그것이 가능할지 몰라 부담스럽다. 부담감으로 힘들 때 나무 액자와 나무를 보며 마음이 편안해졌으면 좋겠다고 하였다.

4주

Shelter

대피소

매체: OHP 필름

매체: OHP 필름

OHP 필름(overhead projector film)은 스크린 위에 영상을 확대 투영할 수 있는 광학계 투영기기에 사용하는 필름으로 투명하여 빛을 통과시키는 매체다.

매체 활용 이유

OHP 필름은 인쇄하거나 유성펜으로 그림을 그리고 쉽게 지울 수 있어 미술, 포장 등 다양하게 사용된다. 또한 얇아서 가위로 오리기 쉽고 입체적 공간을 만드는 데 용이하다.

대피소는 비, 바람, 햇빛, 동물의 공격을 피하여 안전하게 해 주는 장소다. 심리적 대피소는 자신을 보호하고 쉴 수 있도록 해 주는 상징적인 공간이다. OHP 필름은 쉽게 그리고 오려서 입체적 공간을 만들 수 있어 미술치료에 활용할 수 있는 의미 있는 매체다.

Shelter

목표

1. 일상의 일이나 관계에서 자신을 힘들게 하여 피하고 싶은 것을 탐색할 수 있다.
2. 안전하게 피하여 자신을 보호하고 쉴 수 있게 하는 방법을 알 수 있다.

준비물

OHP 필름, 아이클레이, 대피소 전개도, 종이, 유성 매직 또는 네임펜, 가위, 칼, 양면 테이프

활동방법

1. 일상의 일이나 관계에서 자신을 힘들게 하여 피하고 싶은 것에 대해 이야기 나눈다.
2. 치료사는 대피소를 비, 바람, 햇빛, 동물의 공격을 피해 안전하게 대피하는 곳이라고 설명한다.
3. 대피소 전개도 위에 OHP 필름을 올려서 전개도 모양을 검은색 유성 매직 또는 네임펜으로 베껴 그린다. 만약 자신만의 다른 모양의 대피소를 만들고 싶다면 전개도를 수정하여 그린다(도안: p. 99, 대피소 전개도).
4. OHP 필름을 베껴 그린 전개도 모양을 따라 가위로 오리고 출입문도 드나들 수 있게 만든다.
5. 활동방법 4에서 오린 대피소 전개도의 바깥쪽 벽면에 자신이 피하고 싶은 것들을 그리고 꾸민다.
6. 전개도를 모양대로 접고 양면 테이프로 붙여 대피소를 완성한다.
7. 자신이 피하고 싶은 것으로부터 보호받고 있는 자신의 모습을 아이클레이로 만들어 대피소에 넣는다(대피소 안에 들어갈 수 있는 크기로 만든다).
8. 안전하게 보호받는 자신을 상징적으로 표현한 작품을 보면서 어떤 느낌이 드는지 이야기 나눈다.

9. 자신이 피하고 싶은 것으로부터 안전하게 피하여 자신을 보호하고 쉴 수 있도록 하는 방법을 찾아본다.
10. 활동 후 느낀 점에 대해서 이야기 나눈다.

Tip

전개도를 OHP 필름에 복사하여 사용하면 전개도를 베껴 그리는 단계를 생략할 수 있다.

도안

● 대피소 전개도[도안은 (확대) 복사해서 사용할 수 있어요]

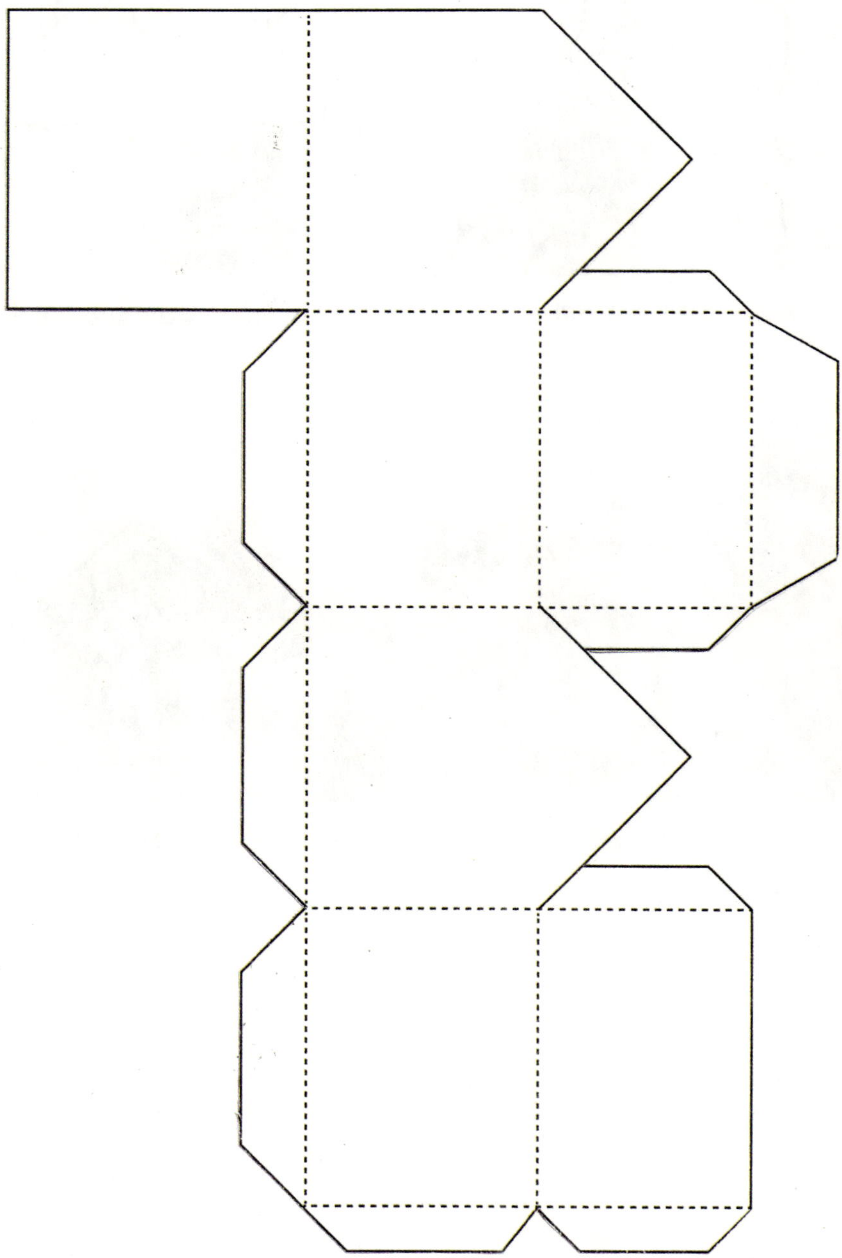

과정

과정 1. OHP 필름에 베끼기

과정 2. 도안에 그림 그리기

과정 3. 대피소 만들기

과정 4. 대피소에 자기상 넣기

사례 1

피하고 싶은 것

클레이로 만든 편안히 누워 있는 자기상

대피소 안에서 쉬고 있는 모습

30대 직장인, 여성

피하고 싶은 것은 서류, 늘 시간에 쫓기는 업무, 일요일에 직장 상사로부터 오는 연락, 퇴근길 교통체증, 다른 사람과 나를 비교하게 되는 것이다. 피하고 싶은 것들을 모두 막으면 편안히 잔디밭에서 쉬고 있는 모습이 떠오른다.

자기상은 편안함이 떠오르는 하늘색 클레이를 사용해 팔을 베고 누워 있는 모습으로 만들었다. 실제로 피하고 싶은 것을 막는 방법 중 다른 것들은 자신의 능력으로 막는 데 어려움이 있겠지만, 타인과 나를 비교하는 생각은 하지 말아야겠다고 하였다.

사례 2

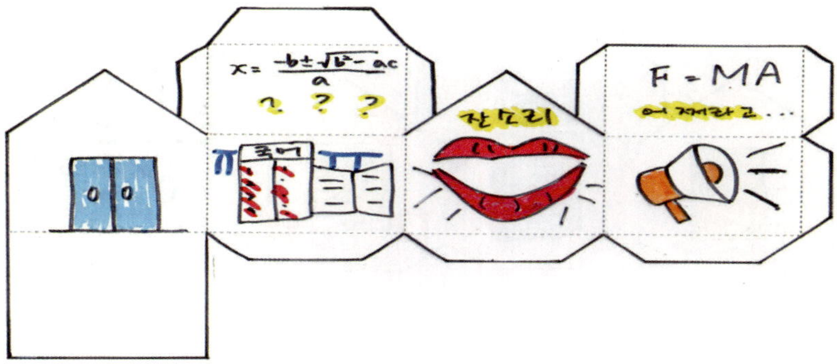

피하고 싶은 것

클레이로 만든 자고 있는 자기상

대피소 안에서 자고 있는 모습

고등학교 1학년, 남학생

평소 자신이 피하고 싶은 것은 엄마의 잔소리, 시험 결과와 같은 학업 스트레스다. 밝은 느낌의 노란색 클레이를 선택하여 눈을 감고 자고 있는 자기상을 만들었다. 잔소리와 학업 스트레스가 사라지면 편안히 잠부터 자고 싶다고 하였다.

대피소에 자기상을 넣은 작품을 감상하며 실제로도 이런 모습을 많이 보인 것 같다고 하며 웃었다. 잔소리를 듣지 않으려면 잠이라도 줄여야겠다고 하였다.

4월

1주 Block–차단

2주 Protection–보호

3주 Beam–빛

4주 Hardness–단단함

보호하다

힘들 때 도움받는 방법과 꿈을 이루는 에너지,
지지체계를 찾아 자신을 보호해요.

1주

Block

차단

매체: 시선차단 필름

매체: 시선차단 필름

시선차단 필름은 빛 반사율을 가진 필름으로 시선차단을 위해 유리창에 붙이는 필름이다. 가시광선을 반사시켜 내부에서는 시야가 확보되지만 외부에서는 시야를 차단한다.

매체 활용 이유

어린 시절의 경험은 평생에 걸쳐 삶의 전반에 영향을 미치는데, 이 중 부정적인 경험들은 심리적 어려움을 유발한다. 사생활을 보호하기 위해 유리창에 붙여 외부에서 들어오는 가시광선을 반사하는 시선차단 필름의 특성은 현재에 부정적인 영향을 주는 것을 차단하고 주체적으로 자신을 보호하는 상징적 의미 부여가 가능해 미술치료에 활용할 수 있는 의미 있는 매체다.

Block

목표

1. 교류분석 이론의 세 가지 자아상태를 알고 타인과의 상호작용에서 자신은 어떤 자아상태를 주로 활용하는지를 이해할 수 있다.
2. 자아상태의 부정적인 패턴을 인식하고 차단하여 긍정적인 변화를 촉진할 수 있다.

준비물

시선차단 필름, 자아상태 이미지 도안, 일회용 투명 컵 2개, 색연필 또는 사인펜, 아크릴 마커, 가위, 풀 또는 접착 테이프

활동방법

1. 교류분석 이론의 세 가지 자아상태를 설명한다(참고: p. 108, 자아상태모델).
2. 현재 자신이 지각하고 있는 자신의 어버이 자아상태, 어른 자아상태, 어린이 자아상태를 시각화하여 도안에 표현한다(도안: p. 109, 자아상태 이미지).
3. 컵의 표면에 활동방법 2에서 완성한 자아상태 이미지를 간격을 두고 나란히 붙인다.
4. 자신이 만든 자아상태 이미지를 보며, 자신이 통제나 보호하는 어버이 모습(어버이 자아상태)일 때, 현재 일어나고 있는 일에 적절하게 대처하는 어른 모습(어른 자아상태)일 때, 자유롭거나 순응하는 어린이 모습(어린이 자아상태)일 때가 언제인지 이야기 나눈다.
5. 자신이 주로 활용하는 자아상태는 무엇인지 살펴본 후, 그 자아상태에서 힘든 상황을 생각해 보며 부정적인 패턴을 찾아본다.

   예 ① 주로 활용하는 자아상태는 1등을 할 때까지 공부만 하라고 통제하는 어버이 자아상태다. 이 자아상태에서 부정적인 패턴은 지금 직장에서 승진하려고 과도하게 일하는 것이다.

② 주로 활용하는 자아상태는 어린 시절 아플 때 부모에게서 원하는 것을 모두 받은 어린이 자아상태다. 이 자아상태에서 부정적인 패턴은 결혼 후 남편이 원하는 것을 들어주지 않으면 몸이 아픈 것이다.

6. 자아상태 이미지 하나를 가릴 수 있는 크기로 시선차단 필름을 잘라서 새로운 컵에 붙이고 자아상태 이미지가 붙어 있는 컵에 포개어 놓는다.
7. 시선차단 필름이 붙은 컵을 돌려 부정적인 영향을 미치는 자아상태 이미지를 가리고, 그 상황에 맞게 합리적으로 생각해 본다.
8. 자아상태의 부정적인 영향으로 힘들 때 그 상황에 맞게 합리적으로 판단할 수 있도록 돕는 메시지를 시선차단 필름에 아크릴 마커로 적는다.
9. 활동 후 느낀 점에 대해서 이야기 나눈다.

참고*

자아상태모델

자아상태모델은 번(Berne, 1961)이 교류분석(TA)에서 제안한 모델로, 일관된 유형의 감정 및 경험, 그리고 이와 직접적으로 관련되어 있는 일관된 행동을 어버이 자아(P), 어른 자아(A), 어린이 자아(C)로 소개한다.

어버이 자아상태(P)는 부모나 양육자 등 외부로부터 흡수된 태도나 행동으로, 부모나 부모와 같은 권위적 인물의 행동이나 사고 또는 감정을 모방하고 있다면, 어버이 자아상태에 놓여 있는 것이다.

어른 자아상태(A)는 지금의 현실과 정보의 객관적인 수집을 지향하고 있다. 누군가 성장한 사람으로서의 능력을 활용하여 자신의 주위에서 일어나고 있는 사건에 지금-여기에서의 직접적인 반응으로서 행동하고 생각하고 감정을 느낀다면 어른 자아상태에 놓여 있는 것이다.

어린이 자아상태(C)는 유아에게 자연적으로 생기는 모든 충동을 내용으로 하며 인생 초기의 경험이나 그 경험에 대하여 어떤 반응을 했는지, 자신과 타인에 대하여 어떤 마음가짐을 가졌는지와 같은 기록을 포함하고 있다. 누군가 어렸을 때 했던 것처럼 행동하거나 사고하거나 감정을 느낀다면, 어린이 자아상태에 놓여 있는 것이다.

* 참고의 내용은 김춘경, 이수연, 이윤주, 정종진, 최웅용(2016)에서 발췌함

도안

자아상태 이미지 도안

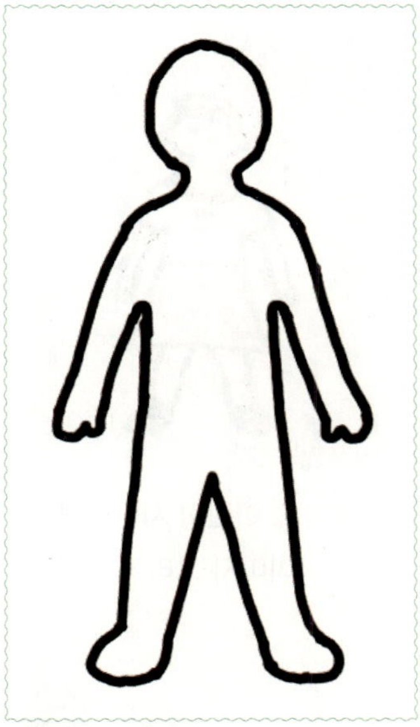

어버이 자아상태 이미지

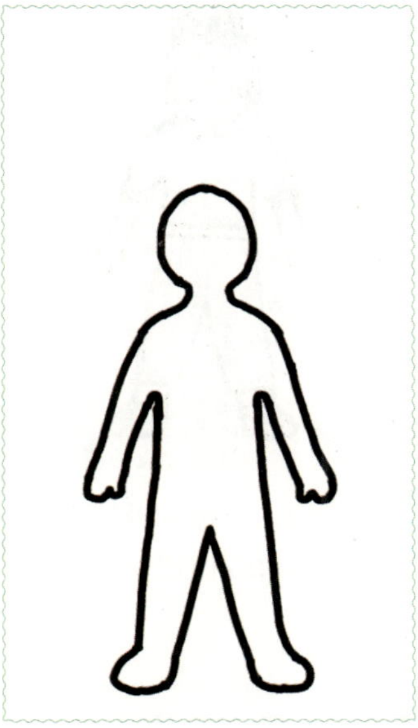

어른 자아상태 이미지

어린이 자아상태 이미지

과정

과정 1. 어버이 자아상태 이미지 그리기

과정 2. 어른 자아상태 이미지 그리기

과정 3. 어린이 자아상태 이미지 그리기

과정 4. 자아상태 이미지 붙이기

과정 5. 보호 필름 붙이기

과정 6. 자아상태 이미지를 가리기

사례 1

어른 자아상태에서 생각

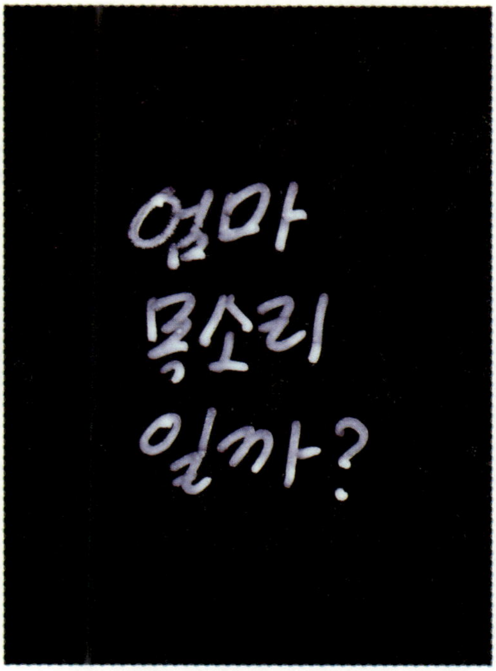

자신에게 필요한 메시지

30대 주부, 여성

어린 시절 부모님께 야단맞고 울던 일이 떠올라 화내는 어버이 자아상태 이미지를 그리고 부모님 말씀을 잘 듣던 순둥이 같은 자신의 모습을 어린이 자아상태 이미지로 그렸다.

자신이 주로 사용하는 자아상태는 어버이 자아상태다. 100점 만점이 아니면 야단치는 부모의 영향으로 완벽하지 않으면 안 된다는 생각을 가지고 자랐고, 자녀에게도 같은 방식으로 요구했다. 야단을 맞아도 하고 싶은 대로 하려고 고집을 부리는 자녀와 갈등이 생겼다. 배우자와도 자녀 교육 문제로 부딪친다고 하였다.

어버이 자아상태 영향을 차단하고 어른 자아상태로 생각해 보면 자녀의 연령에서 할 수 있는 실수라서 괜찮다고 말해 줄 수 있을 것 같다. 완벽하려고 할 때 '엄마 목소리일까?' 잠시 멈추어 생각해 보면 도움이 되겠다고 하였다.

사례 2

어버이 자아상태 이미지

어른 자아상태 이미지

어린이 자아상태 이미지

어른 자아상태에서 생각

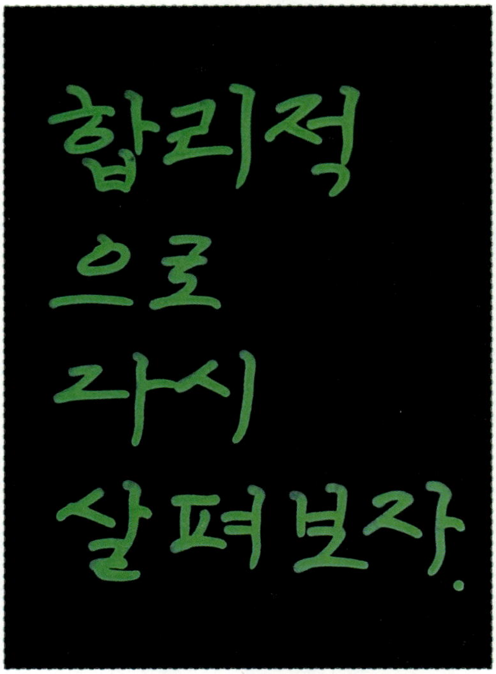

자신에게 필요한 메시지

30대 직장인, 남성

어버이 자아상태 이미지는 엄격한 아버지 모습이고, 어린이 자아상태 이미지는 무서운 아버지를 피해 아이들과 놀던 어린 시절 자신의 모습이다.

남자답지 못하게 예민하다는 비난과 함께 남자다워야 한다고 강요하는 아버지가 싫었다. 성인이 된 이후 아버지처럼 엄격하고 경직되어 보이는 상사와 관계가 좋지 않아 퇴사를 반복하게 되었다.

어린이 자아상태의 영향을 차단하고 어른 자아상태로 생각해 보면 피하는 것이 문제를 해결해 주지는 않는다는 생각이 든다. 상사와 불편한 감정이 들 때 '합리적으로 다시 살펴보자.'라는 메시지를 떠올리며 회피하지 않겠다고 하였다.

2주

Protection

보호

매체: 쿨토시

매체: 쿨토시

쿨토시는 팔이 햇볕에 타는 것을 방지하면서도 시원함을 느낄 수 있도록 통기성이 좋은 소재로 만든 토시다.

매체 활용 이유

쿨토시는 천으로 만들어져 그림을 그리기에 용이하다. 또한 쿨토시를 보면 누구나 자외선 차단과 피부 보호라는 의미를 떠올릴 수 있다. 때문에 쿨토시에 자신을 보호해 줄 수 있는 것을 그림으로 그리고 착용해 보며 보다 구체적인 자기보호의 방법을 생각해 볼 수 있어 쿨토시는 미술치료에 활용할 수 있는 의미 있는 매체다.

Protection

목표

1. 자신이 보호하고 싶은 관계, 상황, 감정을 어떻게 보호했는지 알 수 있다.
2. 타인에게 보호받고 싶은 관계, 상황, 감정을 어떻게 요청하여 자신을 보호했는지 알 수 있다.
3. 자신을 보호하는 구체적인 방법을 찾아 실제 생활에서 적용할 수 있다.

준비물

쿨토시, 패브릭 마커

활동방법

1. 쿨토시를 살펴보며 자외선 차단과 피부 보호라는 기능에 대해 이야기 나눈다.
2. 자신이 보호하고 싶은 관계, 상황, 감정을 어떻게 보호했는지 이야기 나눈다.

   예 ① 손해를 보더라도 우정을 지키고 싶어서 친구 어머니께서 편찮으실 때 친구에게 월급을 다 주었어요.

   ② 비난을 받더라도 내가 옳다고 생각하는 것을 하기 위해서 친구가 커닝하는 것을 보고 하지 말라고 했어요.
3. 타인에게 보호받고 싶은 관계, 상황, 감정을 어떻게 요청하여 자신을 보호했는지 이야기 나눈다.

   예 ① 내가 말할 때 나의 말을 끊지 않고 끝까지 들어 달라고 요청했어요.

   ② 나의 공간에 들어올 때는 노크를 하고 들어와 달라고 부탁했어요.
4. 활동방법 2, 3에서 찾은 자신이 사용한 만족스러웠던 보호의 방법 중 지금 실천할 수 있는 것에는 어떤 것이 있는지 이야기 나눈다.
5. 자신의 관계, 상황, 감정을 적절히 보호할 수 있는 방법을 준비한 쿨토시에 패브릭 마커를

이용하여 그림이나 기호로 그린다.

6. 쿨토시를 착용하여 보호받는 느낌을 느껴 본다.
7. 활동방법 5에서 찾은 방법을 자신의 일상에서 차단과 보호의 역할을 해 줄 마음의 쿨토시로 생각해 보고 실제 생활에서 필요할 때마다 적용해 보기로 한다.
8. 활동 후 느낀 점에 대해서 이야기 나눈다.

사례 1

대처방안: My way

고등학교 2학년, 남학생

보호하고 싶은 것은 관심, 간섭, 감정 표현 등 타인으로부터의 모든 것이다. 관계에서 힘듦을 느끼고 상대방이 감정적으로 대할 때 일상이 너무 힘들다고 하였다.

자신을 보호하는 만족스러운 보호의 방법으로 혼자 있는 시간, 자신만의 길을 간다는 의미의 'My way'를 적었다. 그 길을 꽃길로 표현하여 좋은 일, 행복한 일들이 함께한다고 하였다.

상대로 인해 힘들어질 때 마음의 쿨토시가 되어 줄 수 있는 '혼자 있는 시간'을 최우선으로 만들어 힘든 마음을 차단하고 자신을 보호할 것이라고 하였다.

사례 2

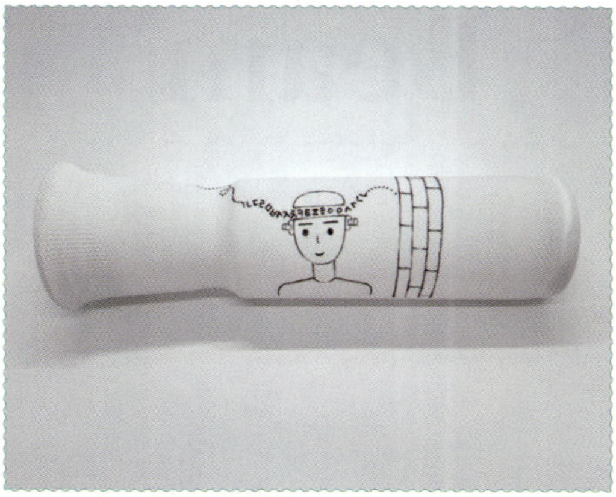

대처방안: 흘려듣기, 벽

30대 직장인, 여성

아무리 대화를 시도하고 설명을 해도 소통이 어려운 사람이 있는데, 계속 보고 살아야 하는 경우 자신을 보호할 수 있는 방법을 찾아야 한다고 하였다.

상식적으로 이해하기 어려운 말이나 상처되는 말을 들었을 때 반박하고 싶지만 말싸움이 될 것 같고 더 상처받을 것 같으니 흘려듣는 방법, '저건 벽이다.'라고 생각하는 방법을 사용한다고 이야기하였다.

벽처럼 여겨지는 상황이나 사람을 만났을 때 마음의 쿨토시를 사용하여 상처받지 않고 자신을 보호할 수 있도록 적용해 보겠다고 하였다.

3주

Beam

빛

매체: 야광물감

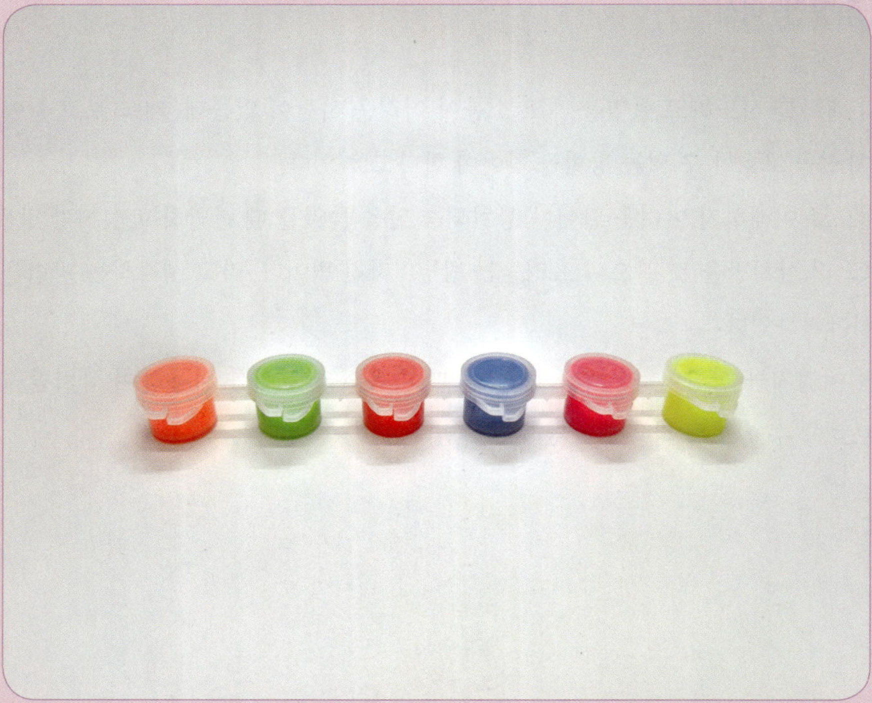

매체: 야광물감

야광은 어두운 곳에서 빛이 나는 것이다. 야광물감은 주변의 빛을 흡수했다가 빛이 사라지면 흡수한 빛을 내뿜어 밝게 빛나는 물감이다.

매체 활용 이유

야광물감은 밝은 곳에서는 두드러지게 보이지 않지만 빛을 흡수한 뒤 어두운 곳에서는 빛을 내어 잘 보인다. 비상구 위치 표시나 비상대피로 유도표시에 사용하여 어두운 곳에서도 위험으로부터 자신을 보호하고 안전한 곳으로 안내한다.
심리적으로 어두운 시간을 보낼 때 자신을 보호하거나 안내하는 등 도움을 주는 상징으로 활용할 수 있어 야광물감은 미술치료에 활용할 수 있는 의미 있는 매체다.

Beam

목표

1. 일상생활, 대인관계, 학업이나 직업 등의 영역에서 자신의 힘든 상황을 인식할 수 있다.
2. 일상생활, 대인관계, 학업이나 직업 등의 영역에서 자신이 힘들 때 보호하거나 도움을 주는 방법을 알 수 있다.

준비물

야광물감, 플레잉 카드, 아크릴 마커, 붓, 손전등 또는 휴대전화 조명

활동방법

1. 자신의 일상생활, 대인관계, 학업이나 직업 등의 영역에서 힘든 상황을 떠올려 보고 이야기 나눈다.
2. 플레잉 카드를 살펴보며 치료사는 내담자에게 유래와 그림의 상징을 설명한다(참고: p. 123, 플레잉 카드의 유래와 그림의 상징).
3. 플레잉 카드 그림에 새로운 의미를 부여한다.

   예 ◆⇒ 막아 주는 방패, ♥⇒ 사랑, ♠⇒ 성장, ♣⇒ 행운
4. 일상생활, 대인관계, 학업이나 직업 등의 영역에서 힘든 상황일 때 자신을 보호하거나 도움을 줄 수 있는 것을 활동방법 3에서 의미 부여한 영역으로 살펴보고, 자신에게 필요한 의미의 그림을 2가지 고른 후, 필요한 정도에 따라 1에서 10까지의 숫자를 선택한다.
5. 치료사는 내담자에게 빛이 모이면 어두울 때 밝혀 주는 야광물감에 대해 설명한다.
6. 일상생활, 대인관계, 학업이나 직업 등의 영역에서 힘든 상황일 때 자신을 보호하거나 도움을 줄 수 있는 것을 아크릴 마커로 카드의 그림을 변형하거나 추가하여 그리고 야광물감을 칠한다.
7. 완성된 카드를 불빛에 비춘 후 치료실을 어둡게 하여 자신이 만든 카드가 어둠 속에서 빛

을 내는 모습을 살펴본다.
8. 일상생활, 대인관계, 학업이나 직업 등의 영역에서 힘든 상황일 때 카드 속 이미지나 메시지를 떠올리면 어떨지 생각해 본다.
9. 자신이 만든 카드를 다른 사람에게 준다면 누구에게 주고 싶은지, 이유는 무엇인지 이야기 나눈다.
10. 활동 후 느낀 점에 대해서 이야기 나눈다.

Tip

1. ◆, ♥, ♠, ♣의 보호와 도움의 의미를 더 부여하고 싶으면 조커 카드를 활용해 만들어 본다.
2. 야광물감은 강도가 높은 빛을 비춘 후 어둡게 했을 때 더 밝게 빛나므로 휴대전화 조명이나 손전등으로 빛을 비춘 후 살펴보면 더욱 밝게 관찰할 수 있다.
3. 어두운 환경을 만들기 어려운 경우 천이나 상자로 어둡게 만들어 관찰할 수 있다.
4. 야광물감 대신 발광펜을 사용할 수도 있다.

참고*

● 플레잉 카드의 유래와 그림의 상징

1. 플레잉 카드의 유래

정설은 없으나 고대 이집트의 종교와 철학을 배경으로 만들어진 타로 카드를 기원으로 그림의 상징과 숫자를 가지고 점을 치는 것에서 놀이로 발전했다고 전해진다.

2. 플레잉 카드 그림의 상징

–다이아몬드(diamond)는 화폐를 형상화한 모양으로 돈을 상징함
–하트(heart)는 성배를 형상화한 모양으로 사랑을 상징함
–스페이드(spade)는 검을 형상화한 모양으로 명예를 상징함
–클럽(club)은 곤봉을 형상화한 모양으로 행운과 지혜를 상징함

* 참고의 내용은 두산백과 두피디아(2024a, 2024b), 정홍경(2009)에서 수정 발췌함

과정

과정 1. 플레잉 카드 선택하기

과정 2. 카드 그리기

과정 3. 야광물감 칠하기

과정 4. 어두운 곳에서 보기

사례 1

행운 5

사랑 9

중학교 3학년, 남학생

시험칠 때마다 긴장되고 복통이 반복되어 공부한 만큼 실력을 제대로 발휘하지 못한다. 플레잉 카드를 살펴보며 시험에서 긴장하지 않는 행운이 찾아오면 불안하지 않고 시험을 잘 칠 것 같아 첫 번째 카드로 행운의 의미인 클로버 그림을 고르고 필요한 정도는 5를 선택하였다. 시험불안 때문에 엄마가 걱정을 많이 하는데, 엄마가 자신을 걱정하지 않고 믿어 주고 격려해 주면 도움이 될 것 같아 두 번째 카드로 사랑의 의미인 하트 그림을 고르고 필요한 정도는 9를 선택하였다.

주머니에 넣어 두고 살짝 보면 카드가 빛이 나서 더 잘 보이니까 긴장해서 눈앞이 캄캄할 때 떠올리면 밝아지는 기분이 들 거 같다. 자신처럼 시험불안 때문에 과민성대장증후군을 앓고 있는 여동생에게 응원의 의미로 카드를 주고 싶다고 하였다.

사례 2

방패 5

성장 9

20대 직장인, 여성

직장에서 과중한 업무로 개인 생활도 없이 일하고 있어 스트레스가 많다. 규모가 작은 회사라서 여러 가지 일을 해야 하는데 너무 많은 양의 일과, 일을 다시 하라며 거칠게 말하는 상사 때문에 상처받게 된다고 하였다.

자신을 보호하기 위해 방패의 의미로 다이아몬드 그림을 고르고 필요한 정도는 5를 선택하였다. 자신의 업무 능력을 향상시켜 효율적이고 능숙하게 일을 처리해서 자신의 시간을 갖도록 성장의 의미인 스페이드 그림을 고르고 필요한 정도는 9를 선택하였다.

상사가 거친 말을 할 때 방패를 떠올리면 마음의 상처를 덜 받을 것 같다. 신입사원들 대부분이 자신과 비슷할 것 같아 같은 처지의 사람들에게 나눠 주고 싶다고 하였다.

4주

Hardness

단단함

매체: 슈링클스

매체: 슈링클스

슈링클스(shrinkles)는 마법 종이, 마술 종이라고도 불리는데 스티로폼 종류를 얇게 가공하여 만든 것으로 주름지고 줄어든다는 뜻을 가진 종이다. 그림을 그리거나 색칠한 후 열을 가하면 크기가 1/7 정도로 수축하고 두께와 강도는 7배 정도 더 강해진다.

매체 활용 이유

내담자는 치료 과정을 통해 기대, 바람, 꿈, 소망과 소원을 만들어 간다. 그것들을 슈링클스 종이에 그린 후 열을 가해 이 종이가 단단해지고, 두꺼워지듯 자신의 기대, 바람, 꿈, 소망과 소원을 단단하고 찢어지지 않게 보호된 상태로 만들어 소유함으로써 심리적인 안전감을 경험할 수 있다.
슈링클스 종이는 열에 의해 단단해지는데 이런 열의 역할처럼 변화를 주도하는 자신의 에너지와 주위의 지지체계를 탐색해 볼 수 있게 도와줄 수 있어, 슈링클스는 미술치료에 활용할 수 있는 의미 있는 매체다.

Hardness

목표

1. 자신의 기대, 바람, 꿈, 소망과 소원이 손상되지 않도록 잘 보호하여 보관할 수 있는 상징적인 경험을 할 수 있다.
2. 자신의 꿈을 이루고 보호할 수 있는 에너지 및 주위의 지지체계에 대해 탐색할 수 있다.

준비물

슈링클스 종이, 힛툴, 링 또는 고리, 사인펜 또는 유성 매직, 네임펜, 펀치, 가위

활동방법

1. 자신이 이루길 원하는 기대, 바람, 꿈, 소망과 소원 등을 생각해 본다.
2. 슈링클스 종이의 거친 면에 자신의 기대, 바람, 꿈, 소망과 소원을 상징하는 그림을 그리거나 글을 적은 후 색칠하고 꾸민다(열을 가하면 줄어드는 것을 감안하여 그림을 그린다).
3. 자신이 꾸민 슈링클스 종이를 가위로 오린 후 링 또는 고리를 끼울 수 있도록 펀치로 구멍을 뚫는다.
4. 힛툴로 슈링클스 종이에 뜨거운 바람을 쪼인다. 슈링클스 종이가 오그라들었다가 펴지며 더 이상 크기가 줄어들지 않을 때까지 눌러 주며 뜨거운 바람으로 굽는다.
5. 굽는 과정을 통해 단단하고 두껍게 변한 것을 살펴보며 자신의 기대, 바람, 꿈, 소망과 소원이 손상되지 않고 단단해지도록 잘 보호하여 보관할 수 있음에 대해 이야기 나눈다.
6. 종이를 단단하게 변화시킨 열과 같이 자신의 꿈을 이루고 보호하기 위한 자신의 에너지가 있는지, 또는 주위에 자신을 지지해 주는 사람이나 공동체 등의 지지체계가 있는지 탐색한다.
7. 내담자가 탐색한 것에 더해 치료사는 강점, 장점 모두 변화를 위한 강한 에너지가 될 수 있다는 것을 설명하고 이야기 나눈다.

8. 완성된 슈링클스 작품의 구멍에 링 또는 고리를 끼워 일상에서 자주 만지고 볼 수 있는 가방이나 열쇠고리, 일기장 등에 매달아 자신의 기대, 바람, 꿈, 소망과 소원 등을 자신과 가까이에 두고 바라보며 기대를 실현하고 꿈을 이룰 힘을 얻을 수 있도록 한다.
9. 활동 후 느낀 점에 대해서 이야기 나눈다.

Tip

1. 슈링클스 종이에는 왁스나 파라핀이 들어간 채색 도구(크레파스, 돌려 쓰는 색연필)를 제외한 우드 색연필 또는 수채화 물감, 유성 매직으로 그림 그리기가 가능하다.
2. 슈링클스 종이는 토스터 오븐, 주방 오븐으로도 구울 수 있다.

과정

과정 1. 슈링클스 종이에 그리기

과정 2. 힛툴로 열풍 쏘이기

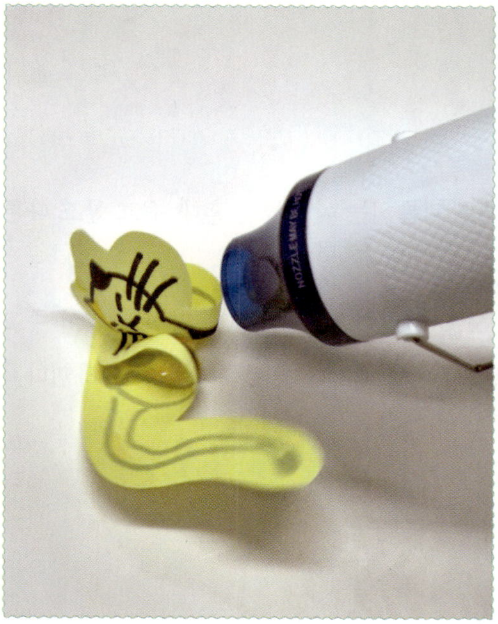

과정 3. 펴질 때까지 쏘이기

과정 4. 단단해진 종이 살펴보기

사례 1

경찰이 되고 싶은 꿈

초등학교 6학년, 남학생

경찰이 되겠다는 꿈이 있다. 경찰이 되어 친구를 괴롭히는 아이들은 혼내 주고 싶고 다른 사람을 힘들고 아프게 하는 사람들은 벌을 받게 하고 싶다.

경찰이 되기 위해서 공부도 열심히 하고 합기도도 열심히 다닐 것이다. 자신을 믿어 주고 응원해 주는 사람은 아빠다. 가방에 매달아 학교에서 힘들 때마다 만져 볼 것이라고 하였다.

사례 2

시크한 고양이

대학교 4학년, 남학생

고양이는 일단 자기 멋대로 행동하는데 자신은 다른 사람을 많이 신경 쓰는 편이라 고양이처럼 시크한 사람이 되고 싶다. 좋아도 적당히 선을 잘 지키고 서로 각자의 시간도 존중해 줘서 다른 사람들한테 독립적이라는 소리를 듣고 싶다고 하였다.

고양이는 은혜를 반드시 갚는다고 하는데 자신도 감사를 잘 표현하는 사람이 되고 싶다. 매일 매 순간 감사하는 마음이 자신을 잘 성장하도록 돕는 원동력이 될 것 같고, 키링으로 사용하고 싶다고 하였다.

5월

1주 Inner child–내면아이

2주 Stop–멈춤

3주 Awareness–알아차림

4주 Buildup–강화

알아차리다

자신의 내면아이, 걱정으로 인한 부정적 영향,
인지오류, 대인관계 능력에 대해 알아차려요.

1주

Inner child

내면아이

매체: L홀더

매체: L홀더

L홀더는 L자 모양으로 좌측과 하단은 막히고 우측과 상단은 뚫려 있어 문서를 끼우고 빼는 데 용이하여 소량의 문서를 간편하게 철할 수 있는 문구, 사무용품이다. L홀더는 투명하여 내용물이 잘 보이기 때문에 주로 서류나 사진을 보관하는 용도로 사용한다.

매체 활용 이유

L홀더는 표면에 인쇄도 가능하고 유성펜으로 그림을 그리면 아세톤이나 손 세정제로 쉽게 지울 수도 있다. L홀더는 두께가 얇아 칼로 자르거나 가위로 오리거나 펀치로 구멍을 뚫기가 쉬워 미술, 포장 등에 사용할 수 있다.
'마음속, 생각 속에 있다.'라는 것을 시각적으로 표현하려면 투명 포켓을 이용해 포켓 안에 담긴 것이 잘 보일 수 있도록 작업을 하는 것이 도움이 된다. 투명한 L홀더는 안에 유성펜으로 그린 그림을 넣으면 그림이 선명하게 보이기 때문에 내면의 생각이나 상태를 표현할 때 포켓으로 사용할 수 있어 미술치료에 활용할 수 있는 의미 있는 매체다.

Inner child

목표

1. 어린 시절 경험한 부모의 생각, 감정, 행동, 태도 등 부모의 양육 방식에 대한 자아의 내적 반응으로 형성된 자신의 내면아이에 대해 알 수 있다.
2. 자신의 내면아이가 현재의 삶과 행동, 대인관계에 어떤 영향을 미치고 있는지 탐색할 수 있다.
3. 상처받은 자신의 내면아이와의 접촉을 통해 어린 시절 발달 과정에서의 미해결 욕구와 해결되지 못한 감정 등을 해소할 수 있다.

준비물

L홀더, 펀치, 끈 또는 실, 도화지 또는 OHP 필름, 유성 매직, 가위

활동방법

1. 자신의 부모님과 함께한 어린 시절의 일들을 떠올려 보고 기억에 남는 일에 관해 이야기 나눈다.
2. 치료사는 내담자에게 한 개인의 인생에서 어린 시절부터 지속적인 영향을 주는 존재인 내면아이에 대해 충분히 설명하고 다양한 사례를 제시한다.

   예 ① 부모의 칭찬과 인정을 받지 못한 개인의 내면에는 칭찬과 인정에 집착하는 내면아이가 형성된다.

   ② 자율적이고 무관심한 부모로부터 양육된 개인은 안정감과 소속감을 느끼지 못하는 내면아이가 형성된다.

   ③ 억압적이고 통제적인 부모로부터 양육된 개인은 자기주장을 잘하지 못하는 의존적인 내면아이가 형성된다.
3. 자신의 내면에는 어떤 모습의 내면아이가 있는지 탐색해 보고 이 내면아이는 부모님의

어떤 부분으로부터 영향을 받은 것인지 이야기 나눈다.

4. 도화지 또는 OHP 필름을 선택하여 자신의 내면아이를 상황이나 모습, 동물이나 사물, 문자 등의 상징으로 그린 후 모양대로 가위로 오린다.
5. 내면아이가 존재하는 자신의 마음, 생각, 내면이 되도록 L홀더를 내면아이가 들어갈 수 있는 크기, 모양으로 오린다.
6. 활동방법 5에서 만든 L홀더 안에 내면아이를 넣어 자신의 정신과 마음속에 하나의 독립된 인격체처럼 존재하는 내면아이의 모습을 시각화하여 살펴본다.
7. L홀더 안에 내면아이를 넣었을 때 L홀더 밖으로 내면아이가 흐르거나 빠져나오지 않도록 L홀더의 가장자리에 펀치로 구멍을 뚫고 끈 또는 실로 꿰어 포켓을 만든다(p. 141, 과정 3. 사진 참고).
8. 자신의 내면아이가 현재의 삶과 행동, 대인관계에 어떤 영향을 미치고 있는지 탐색해 보고 이야기 나눈다.
9. 치료사는 내담자가 자신의 유년기를 회고하여 외상적 사건을 탐색하고 그 사건으로 상처입게 된 어린아이로서의 자아와 다시 대면하여 내면아이가 해결하지 못했던 욕구를 채우거나 슬픔, 두려움 등의 감정을 끝낼 수 있도록 돕는다.

   설명 욕구와 감정 해소 방법: 내면에 집중하고 내면아이와 대화하고 무엇이 필요한지 들어 보고 내면아이와 어른 자아의 욕구를 충족시키기 위하여 행동을 취하면 욕구와 감정이 해소된다.

10. 활동 후 느낀 점에 대해서 이야기 나눈다.

과정

과정 1. 자신의 내면아이 그리기

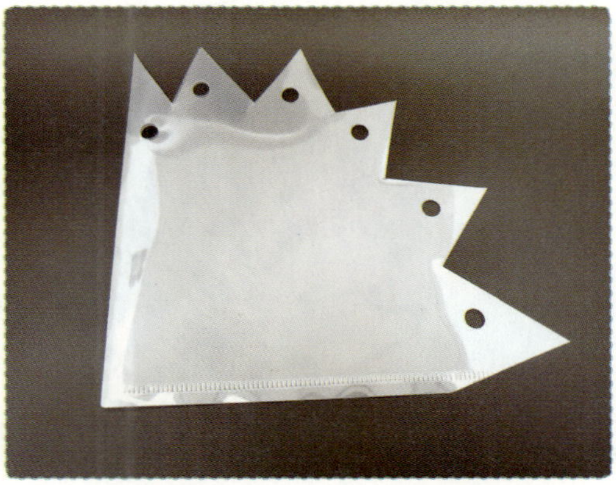

과정 2. L홀더 오리고 구멍 뚫기

과정 3. 실로 꿰어 포켓 만들기

과정 4. 내면아이 완성하기

사례 1

내면아이

뾰족한 마음속에 있는 내면아이

20대 대학원, 여성

자신의 마음속에는 고슴도치처럼 가시가 돋은 내면아이가 살고 있다고 하였다. 어머니께서는 자기주장을 분명히 하고 이치에 맞게 잘 따지는 사람이 손해 보지 않고 살 수 있는 세상이라고 늘 말씀하셨다. 뭔가 조금이라도 불합리하다는 생각이 들면 참거나 그냥 지나가지 말고 전후를 따져 매사 분명하게 하라고 하셨다. 그래서인지 자신은 늘 가시를 세우고 사는 것 같다는 생각이 든다고 하였다.

그런 영향으로 자신의 마음 역시 날카롭게 날을 세우고 있는 모습인 거 같아 포켓도 뾰족뾰족한 모양으로 만들었다.

자신의 내면아이에게 "한두 번은 눈감아 줘도 돼.", "손해 봐도 괜찮아.", "따지지 않아도 내 편인 사람은 결국 내 마음을 알게 될 거야."라고 이야기를 해 주어 앞으로는 날 세우지 않고 둥글하고 말랑하게 살고 싶다고 하였다.

사례 2

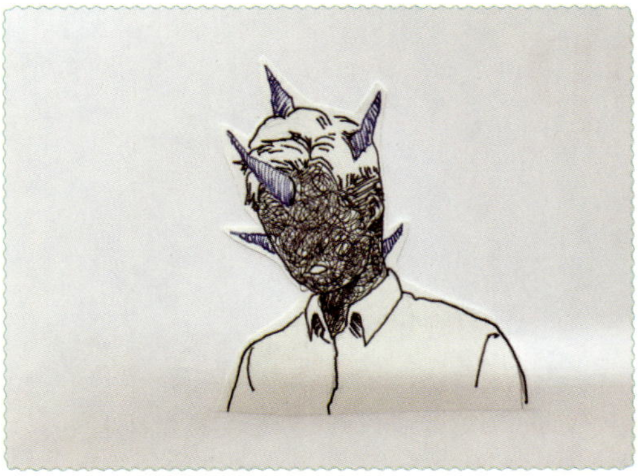

내면아이

내면아이 모습 그대로의 현재 모습

20대 대학원, 남성

자신의 내면에는 '후'라는 아이가 산다고 하였다. '후'는 후회를 하게 만드는 아이고 이 아이는 매사에 자신을 느려지게 만들며 무력감을 느끼게 한다. '후'는 자신을 향한 부모님의 기대를 먹고 자랐다. 이 '후'가 자신의 삶에 지속적으로 영향을 미치는 바람에 자신은 '후' 모습 그대로 자란 성인이 되었다며 웅크리고 있는 현재 모습을 그렸다.

자신의 내면아이인 '후'를 잘 다독거려 "잘 지내 보자."라고 이야기해 주고 싶다. 그러면 "난 최선을 다했어."라고 자부하며 매사에 후회하는 습관에서 벗어날 수 있을 것도 같다는 생각이 든다고 하였다.

현재 모습과 내면아이를 함께 표현

현재 모습에 갇힌 내면 아이

2주

Stop

멈춤

매체: 흡착판

매체: 흡착판

흡착판은 공기의 진공상태를 이용한 방식으로 쉽게 탈착이 가능하다. 유리나 거울 등 벽면과 흡착판 사이에 공기가 통하지 않도록 부착하여 그 위에 물건을 걸거나 장식한다.

매체 활용 이유

유리나 거울에 잘 달라붙는 흡착판의 특징을 통해 자신의 모습에 걱정이 들러붙어서 신체에 영향을 주는 모습을 시각화할 수 있다. 또한 쉽게 떼어 낼 수 있는 흡착판의 특징을 통해 자신의 의지가 있으면 걱정도 어렵지 않게 떼어 내어 없애거나 줄이거나 멈추게 할 수 있다는 경험을 해 볼 수 있어 흡착판은 미술치료에 활용할 수 있는 의미 있는 매체다.

Stop

목표

1. 현재-지금 자신의 걱정을 인식하고 표현할 수 있다.
2. 걱정으로 인한 부정적 영향을 자각하여 스스로 걱정을 줄이거나 멈추게 할 수 있다.

준비물

흡착판(5개 이상), 흡착판이 붙을 수 있는 장판 또는 비닐(60×200cm), 털실, 유성 매직, 가위

활동방법

1. 현재-지금 자신의 일상은 어떤지 생각해 보고 이야기 나눈다.
2. 우리는 걱정 없이 살 수는 없고 어떤 걱정들은 쉽게 해결이 되기도 하지만, 어떤 걱정은 인생 전반에 걸쳐 해결하기 어려운 숙제로 느껴질 수 있음에 대해 이야기 나눈다.
3. 내담자는 미리 준비된 장판 또는 비닐 위에 눕는다.
4. 치료사는 유성 매직으로 내담자의 실루엣을 따라 그리며 신체 본뜨기를 한다.
5. 내담자는 일어나서 치료사가 본떠 준 자신의 실루엣을 바라본다.
6. 치료사는 내담자에게 현재-지금 어떤 걱정을 하는지 걱정이 언제부터 시작되었고 어느 정도의 강도로 자신을 고통스럽게 만드는지 생각해 보도록 하여 자신의 신체에 집중하도록 안내한다.
7. 내담자는 신체 본뜨기를 한 곳에 현재-지금 걱정으로 반응하는 신체 부위에 흡착판을 붙인다.

   예 ① 머리: 걱정, 고민, 두통
   ② 가슴: 우울, 답답함, 두근거림
   ③ 팔과 다리: 무기력, 게으름
   ④ 배: 식욕부진, 복통

8. 걱정으로 영향을 받은 신체 부위에 붙은 흡착판들을 털실로 연결한다.
9. 털실로 연결된 모습을 보며 걱정이 자신을 얽매이게 하고 부자연스럽게 만들고 신체에도 증상을 만들고 있다는 것을 인식한 후, 이러한 상태로 계속 지낸다면 어떻게 될 것 같은지 생각해 보고 이야기 나눈다.
10. 걱정이 사라진다면 자신은 어떤 모습일지 떠올린 후, 필요에 따라 흡착판을 떼어 낼 수 있듯이 자신도 의지를 가지면 걱정을 없애거나 줄이거나 멈추게 할 수 있다는 생각으로 연결된 실을 가위로 자르고, 흡착판을 떼어 낸다.
11. 흡착판이 붙어 있던 자리에 유성 매직으로 걱정을 없애거나 줄이거나 멈추게 할 수 있는 방법을 그리고 이야기 나눈다.
12. 활동 후 느낀 점에 대해서 이야기 나눈다.

과정

과정 1. 신체 본뜨기

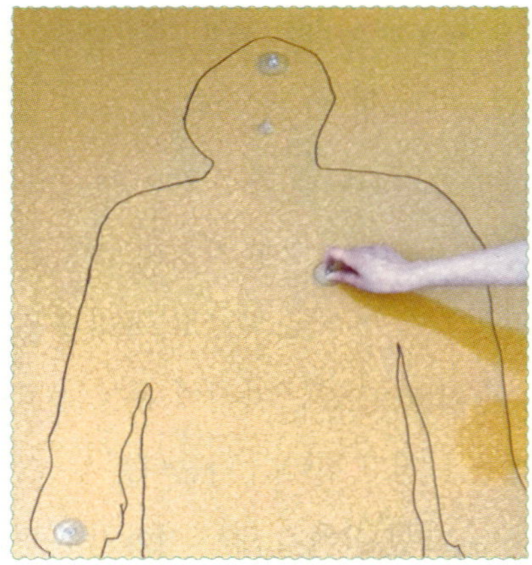

과정 2. 흡착판 붙이기

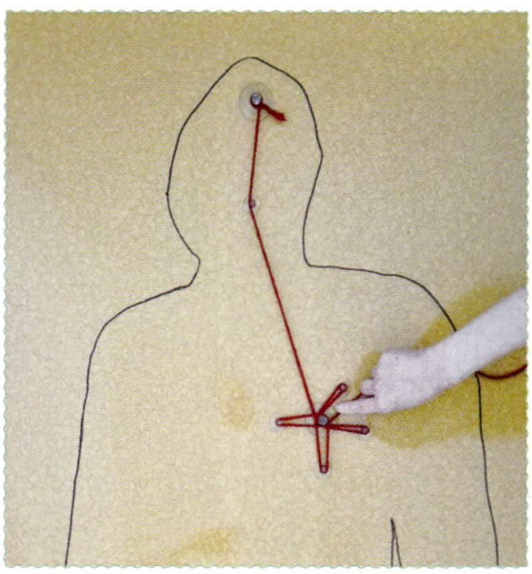

과정 3. 털실로 연결하기

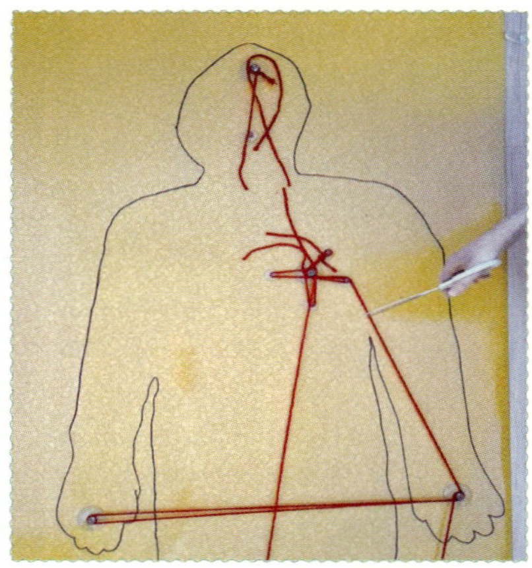

과정 4. 가위로 잘라 연결 끊기

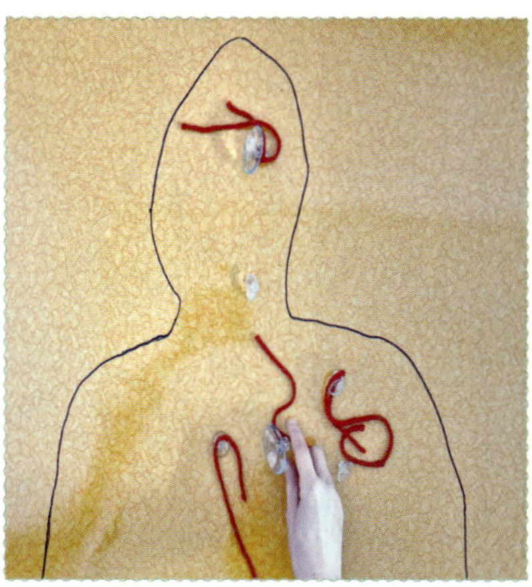

과정 5. 흡착판 떼기

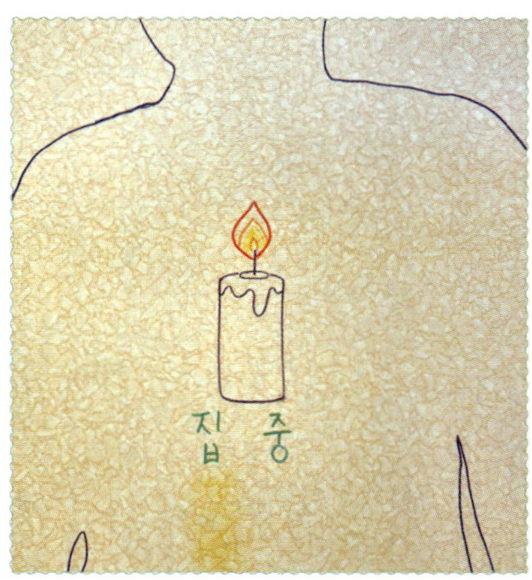

과정 6. 그림 그리기

사례 1

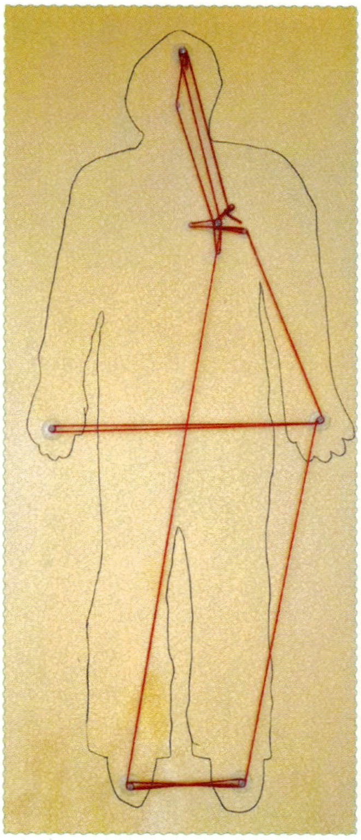

꽁꽁 묶인 모습

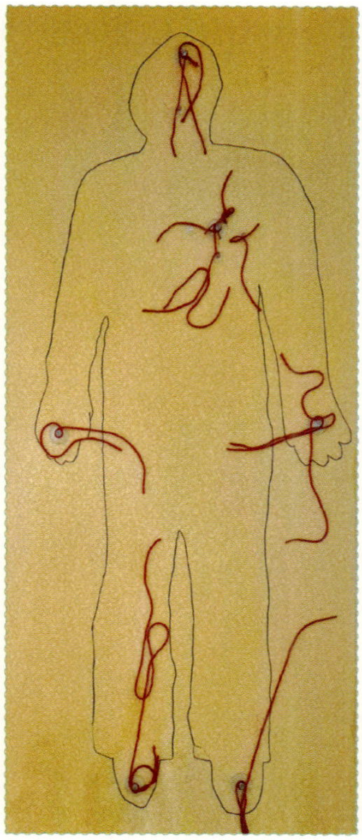

실을 끊은 모습

'집중'과 초를 그림

40대 직장인, 여성

최근 10년간 다닌 직장이 적성과 맞지 않다는 생각이 들었다. 그러나 막상 그만두려니 용기가 나지 않고 새로운 일을 시작할 자신이 없어서 고민이다. 고민이 시작되면서 무기력해지고 업무에 의욕이 없어졌다고 하였다.

신체 본뜨기를 할 때는 어색해하였으나 걱정으로 반응하는 신체 부위에 흡착판을 붙이도록 하자 진지한 모습을 보였다. 생각이 많아져 머리가 무거워서 머리에, 무기력하고 일에 흥미가 없어 거의 말을 하지 않아서 입에, 회사에 가기 싫고 일도 하기 싫어서 손과 발에 흡착판을 붙였다. 다 붙인 후 가슴도 답답하다고 하며 가슴에도 추가로 붙였다. 흡착판을 털실로 연결한 후 실과 흡착판이 감긴 모습을 보며 꽁꽁 묶인 것 같다고 하였다. 이대로 계속 지내면 아무것도 하지 못하고 우울감에 매몰될 것 같다고 하며 걱정을 줄여 봐야겠다고 하였다.

연결된 실을 자르고 흡착판을 떼었다. 걱정을 줄일 수 있는 실질적인 방법을 생각해 보자는 치료사의 안내에 "지금 현재 내가 충실해야 할 것에 집중해야 할 것 같다."라고 하며 촛불을 그리고 '집중'이라고 글을 썼다.

사례 2

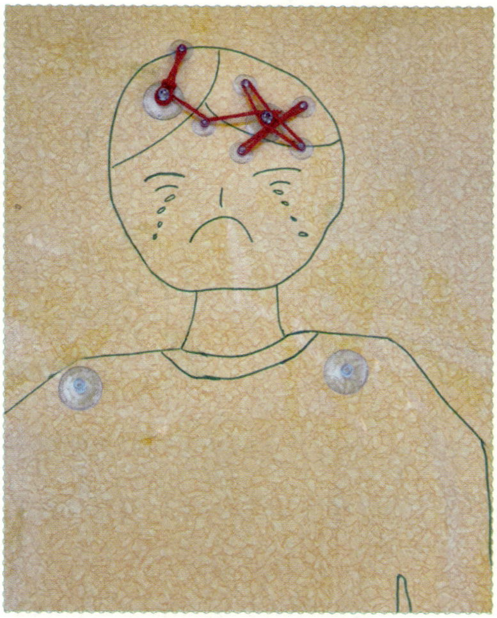

두통에 힘들어하는 모습

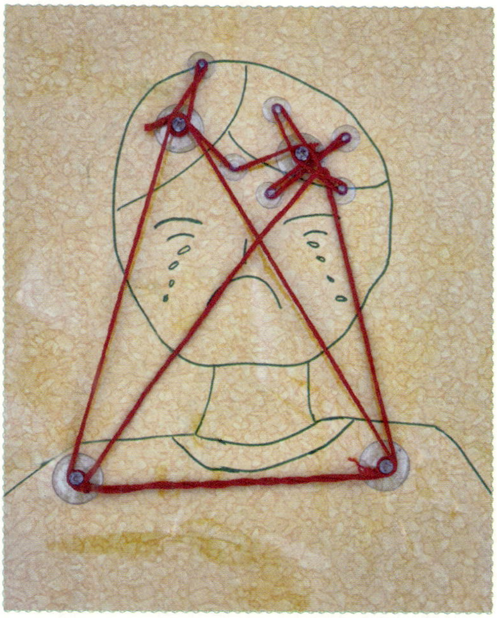

꼼짝할 수 없는 모습

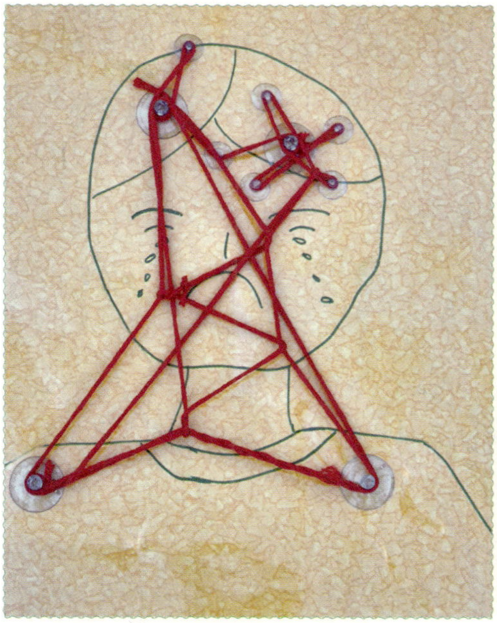

실들이 꼬여 더 힘든 모습

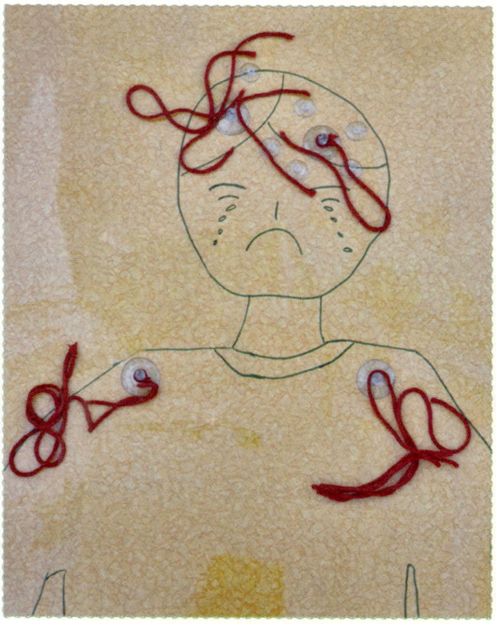

실을 끊은 모습

흡착판을 떼고 '정신 차리자'라는 푯말을 그림

고등학교 1학년, 남학생

최근 오토바이를 훔쳐 중고 사이트에서 판매하려다 경찰에 신고를 당했다. 경찰서로 오라는 연락을 받고 걱정이 되어 잠도 오지 않았다.

신체 본뜨기를 한 뒤 울고 있는 표정으로 지금의 마음을 표현하였다. 자신이 왜 그런 행동을 했는지 머리가 이상한 것 같다고 하며 머리 쪽에 큰 흡착판을 붙이고 주위에 작은 흡착판도 붙였다. 머리가 무거우니 어깨도 뻐근하다고 하며 흡착판을 양쪽 어깨에도 붙였다. 실로 머리에 붙인 가장 큰 흡착판에 한 번 감고 머리 주변의 작은 흡착판 주위도 여러 번 감아 연결하였다. 실로 연결되어 있는 모습을 보며 머리가 깨져 있는 것 같다고 하며 지금 많은 걱정으로 머리가 깨질 것처럼 아프다고 하였다. 그리고 머리 쪽에서부터 어깨까지 실로 연결하여 꼼짝 못하는 모습으로 만들었다. 마치 이제 경찰에서 연락이 오면 처벌을 받는 자신의 모습 같다고 하였다. 실을 길게 풀어 어깨에서부터 머리로 실을 한 번 더 연결하였다. 이렇게 머리와 어깨가 연결된 실을 잡아당기면 고개를 숙이고 있을 수밖에 없다고 하였다. 지금 학교와 집에서의 모습과 같다고 하였다.

흡착판과 실로 연결된 상태로 계속 지낼 수 없다는 의미에서 가위로 실을 자르고 흡착판을 떼 보도록 하였다. 실과 흡착판을 제거하면서 느낀 감정이나 생각을 자유롭게 이야기하도록 하자 걱정이 없던 과거로 시간을 되돌릴 수 있다면 좋겠다고 하였다.

활동을 마무리하며 걱정을 없애거나 줄일 수 있는 방법을 생각하도록 하자, 며칠 전 어머니께서 오토바이 주인과 통화하며 죄송하다는 말을 많이 하시는 것을 보고 부모님에게 너무 큰 죄를 지은 것 같다고 하며 이제 정신을 차려야겠다고 하였다.

3주

Awareness

알아차림

매체: 유리병

매체: 유리병

유리병은 단단하고 깨지기 쉬운 비결정질 고체인 유리로 만든 병이다. 투명하여 병의 안을 들여다볼 수 있고 병 뒤에 있는 물건도 볼 수 있다.

매체 활용 이유

빛이 다른 매체로 이동할 때 속도가 달려져 방향이 바뀌는 현상을 빛의 굴절이라고 하는데, 유리병에 물을 담으면 빛의 굴절을 쉽게 관찰하고 이해할 수 있다. 유리병에 물을 담고 옆, 뒤에서 종이를 비춰 보면 좌우가 바뀌거나 크기가 커지고 길어지거나 넓어지는 등 빛의 굴절로 인해 실제 모습과 다르게 보인다.

유리병을 이용한 빛의 굴절 관찰은 자신의 왜곡된 사고를 알아차리는 기회를 제공할 수 있어 유리병은 미술치료에 활용할 수 있는 의미 있는 매체다.

Awareness

목표

1. 경험이나 사건을 해석하고 받아들이는 과정에서 생기는 자신의 인지오류를 탐색할 수 있다.
2. 자신의 인지오류로 인한 어려움을 인식하여 일상생활에서 인지오류를 최소화할 수 있다.

준비물

빈 유리병, 잡지, 종이, 사인펜, 가위

활동방법

1. 자신이 최근에 느낀 어려움에 대해 생각해 보고 종이에 그림으로 그리거나, 관련된 그림을 잡지에서 찾아 오려 붙인다.
2. 유리병에 물을 가득 채운 후, 물이 든 유리병을 앞에 두고 그림을 옆, 뒤에서 비추어 움직여 보면서 작게 그려진 그림이 크게 보이거나 왼쪽과 오른쪽이 반전되어 보이는 굴절과 왜곡을 살펴본다.
3. 유리병을 통한 빛의 굴절과 왜곡처럼 우리가 가지고 있는 부정확한 사고패턴 역시 우리를 부정적인 생각에 너무 매몰되게 만들거나 심할 경우 우울증과 같은 정신질환을 만들 수 있다는 것에 대해 이야기 나눈다.
4. 치료사는 내담자에게 벡(Beck)의 인지오류에 대해 간략하게 설명한다(참고: p. 157, 인지오류).
5. 내담자는 일상에서 자신이 가진 인지오류는 어떤 것들이 있는지 탐색한다.

   예 ① 흑백논리적 사고: 집에 먼지가 한 점이라도 보이면 집이 더럽다고 여겨요.

   ② 정서적 추론: 카톡 답장에 'ㅎㅎ'과 같은 축약어를 보내면 상대방이 자신을 비꼰다고 생각해요.

6. 인지오류로 인해 마음이 상했거나 관계에서 오해를 하게 되어 어려움을 경험했던 일 등에 대해 이야기 나눈다.
7. 자신의 인지오류에 대해 정확히 알고 있는 것이 일상생활에서 어려움을 최소화하거나 스스로 혹은 대인관계에서 부정적인 상황을 경험하지 않게 도와줄 수 있음에 대해 충분히 살펴본다.
8. 활동 후 느낀 점에 대해서 이야기 나눈다.

Tip

방향을 확인할 수 있는 그림을 그려 사용할 수도 있고 잡지의 사진을 미리 오려 제공할 수도 있다.

참고*

● 인지오류

1. 인지오류의 정의

인지오류는 사람들이 정보를 선택하고 해석하고 기억하는 방식에서 반복적으로 발생하는 편향된 경향성을 말한다(Kahneman, 2012).

2. 인지오류의 유형

① **흑백 논리적 또는 이분법적 사고**: 타인의 반응을 '나를 좋아하는가 혹은 싫어하는가', '성공 혹은 실패'와 같이 둘 중 하나로 해석하며 그 중간의 의미를 인정하지 않는 경우

② **과일반화**: 한두 번의 사건에 근거하여 일반적인 결론을 내리고 무관한 상황에도 그 결론을 적용시키는 오류. 예를 들어, 대인관계에서 누군가에게 비난을 당하고 난 뒤 '모든 사람은', '항상', '어떤 상황에서나' 적대적이고 공격적이라고 생각해 버리는 경우

③ **정신적 여과**: 어떤 상황에서 일어나는 여러 가지 일 중에서 일부만 뽑아내서 상황 전체를 판단하는 것인데, 친구와의 대화에서 주된 대화내용은 긍정적이었음에도 불구하고 친구의 몇 마디 부정적인 말에 근거하여 '그 녀석은 나를 비판했다.'라고 해석하는 경우

④ **의미확대 또는 의미축소**: 어떤 사건의 의미나 중요성을 실제보다 지나치게 확대하거나 축소하는 오류. 이 같은 경향성은 자신을 평가할 때와 타인을 평가할 때 적용하는 기준을 다르게 하는 이중기준(double standard)의 오류로 나타날 수도 있음

⑤ **개인화**: 자신과 무관한 사건을 자신과 관련된 것으로 잘못 해석하는 경우

⑥ **잘못된 명명**: 사람의 특성이나 행위를 기술할 때 과장되거나 부적절한 명칭을 사용하여 기술하는 것으로서, 자신의 잘못을 과장한 '나는 실패자다.', '나는 인간쓰레기다.'와 같은 부정적인 명칭을 자신에게 부과하는 경우

⑦ **독심술적 오류**: 다른 사람의 마음을 마음대로 추측하고 단정하는 경우. 마치 다른 사람의 마음을 들여다볼 수 있는 독심술사처럼 매우 모호하고 사소한 단서에 근거해 다른 사람의 마음을 함부로 판단하는 경우

⑧ **예언자적 오류**: 미래에 일어날 일을 단정하고 확신해 버리는 경우. 미래의 일을 미리 볼 수 있는 예언자인 양 일어날 결과를 부정적으로 추론

⑨ **정서적 추론**: 막연히 느끼는 감정에 근거하여 결론을 내리는 경우

* 참고의 내용은 김춘경 외(2016)에서 수정 발췌함

5월

사례 1

도안과 병 살펴보기

굴절과 왜곡 살펴보기

40대 주부, 여성

자신이 최근에 느낀 어려움에 대해 생각해 본 후, 자녀를 돌보는 것이 힘이 들고 살이 자꾸 빠진다며 잡지에서 아이가 엄마에게 딱 달라붙어 있는 이미지를 찾았다. 유리병에 물을 가득 채운 후 이미지를 비춰 보니 엄마와 아이가 합쳐져 한 명만 보이고 퍼져 보인다며 이렇게 달라 보이는 것처럼 자신도 지금과 다르게 생각하고 느낄 수 있을까 궁금하다고 하였다.

인지오류에 대한 치료사의 설명을 들은 후 자신은 거실 바닥에 머리카락이 몇 가닥 보이면 집이 너무 더럽다고 생각되어 청소기를 돌리고 물걸레질을 하고 돌돌이를 사용한다고 하였다. 이는 한두 번의 사건에 근거하여 일반적인 결론을 내리고 무관한 상황에도 그 결론을 적용시키는 과일반화의 오류임을 확인하였다. 그리고 청소를 했다고 하는데도 배우자는 종종 청소를 안 했다고 생각하고 불만을 토로하는데, 배우자 역시 특정한 일부의 정보에만 주의를 기울여서 전체 의미를 해석하는 과일반화의 오류를 가지고 있다는 것을 알게 되었다.

일상에서 자신의 인지오류를 정확히 알고 있는 것이 자신과 배우자를 위해서도 도움이 될 것 같다고 하였다.

사례 2

도안과 병 살펴보기

굴절과 왜곡 살펴보기

중학교 3학년, 남학생

최근에 느낀 어려움과 관련하여, 출구 없는 곳에서 혼자 달리는 것 같다고 하면서 비상구 표시를 그렸다. 유리병에 물을 가득 채우고 보니 그림에서 혼자 달리는 모습이 다른 사람이 손을 잡고 이끌어 주는 모습으로 보인다며 신기해하였다.

자신의 일상에서 인지오류를 찾아보도록 하니 자신이 친구를 오해한 일에 대해 이야기하였다. 단체채팅방에서 친구에게 메시지를 보냈는데 친구가 'ㄴ'이라고 답장하여 다른 친구들도 있는 단체채팅방에서 자신이 무시당했다고 생각하였다. 이후 마음이 상해 한동안 이야기하지 않고 어울리지 않았었는데 나중에 이야기를 들어 보니 친구는 바빠서 간단히 답장한 것을 자신이 오해한 것이라고 하였다.

다음부터는 막연히 느끼는 감정에 근거하여 결론을 내리는 정서적 추론의 오류를 조심하여 친구에게 솔직히 물어보아 오해하지 않도록 해야겠다고 하였다.

4주

Buildup

강화

매체: 신체 퍼즐

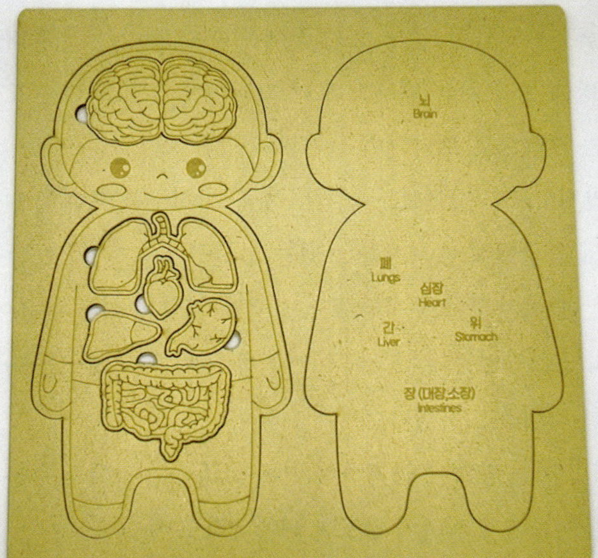

매체: 신체 퍼즐

신체 퍼즐은 신체 구조를 재밌고 쉽게 이해할 수 있도록 만든 학습 교구다. 신체 퍼즐은 눈에 보이는 신체 구조 외에 눈에 보이지 않는 뇌, 심장, 폐, 위, 간, 장 등 내부 장기의 각 부위 명칭, 역할을 알아가며 위치에 맞게 끼워 맞추는 것으로 학습 혹은 놀이에 사용된다.

매체 활용 이유

신체 퍼즐은 뇌, 심장, 폐, 위, 간, 장 등 각 부분으로 나뉘어 있어 그림을 잘 그리지 못 하는 경우에도 신체 구조 및 내부 장기를 간단하고 쉽게 표현할 수 있다.

신체 퍼즐은 주로 종이, MDF, 원목으로 만들어지기 때문에 퍼즐 조각과 퍼즐 밑판에도 그림을 그릴 수 있다. 신체 퍼즐은 신체 기관을 대인관계 능력과 관련지어 살펴보고 자신의 대인관계 능력을 시각화할 수 있어 미술치료에 활용할 수 있는 의미 있는 매체다.

Buildup

목표

1. 자신의 대인관계 능력을 알 수 있고, 강점과 약점을 인식할 수 있다.
2. 자신의 대인관계 능력 중 강점은 강화하고, 약점은 개선할 수 있다.

준비물

신체 퍼즐, 대인관계 능력 질문지, 사인펜

활동방법

1. 신체 퍼즐을 보면서 사람의 신체에 대해 살펴보고 각 기관의 역할에 관해 이야기 나눈다.
2. 치료사는 내담자에게 신체기관의 역할을 대인관계 능력과 관련지어 살펴볼 수 있도록 질문지를 제시한다(참고: p. 163, 대인관계 능력 질문지).
3. 내담자는 일상생활에서 자신의 대인관계 능력은 어떠한지 질문지의 항목을 읽어 보고 퍼즐 밑판에 0~10까지 척도로 평정해 보도록 한다.

   설명 척도 질문은 해결중심상담에서 예외를 찾는 작업을 힘들어하는 내담자에게 유용하다. 자신의 문제, 문제의 우선순위, 변화 의지와 확신, 문제해결에 대한 희망, 문제가 해결된 정도 등에 대해 주관적으로 평가하게 하고 이를 0부터 10까지의 척도로 평정해 보도록 하는 기법이다(김춘경 외, 2016).
4. 활동방법 3에서 척도로 평정한 퍼즐 밑판을 보면서 자신의 대인관계 능력은 어떤지 살펴보고, 실제로 자신이 타인에게 어떻게 반응하고 있는지 이야기 나눈다.
5. 대인관계에서 잘 기능하고 있는 것과 어렵게 느끼는 것을 생각해 본다.
6. 잘 기능하고 있는 것을 더욱 강화할 방법과 어렵게 느껴지는 것을 개선할 방법을 생각한 후, 퍼즐 조각 뒷면에 사인펜을 사용해 글이나 그림으로 표현한다.
7. 활동 후 느낀 점에 대해서 이야기 나눈다.

참고

● 대인관계 능력 질문지

신체 기관	질문	점수	강화 또는 개선 방법
뇌	대인관계에서 타인을 인식하고 있는가?		
심장	대인관계에서 배려하고 관심을 갖고 있는가?		
폐	대인관계에서 관계를 어렵게 만드는 말과 행동을 걸러 내는가?		
위	대인관계에서 서로 맞지 않음과 다름을 수용하는가?		
간	대인관계에서 비난과 갈등을 해소하는가?		
장	대인관계에서 타인의 장점을 본받거나 충고나 조언을 받아들이는가?		

사례 1

관계 능력 점수

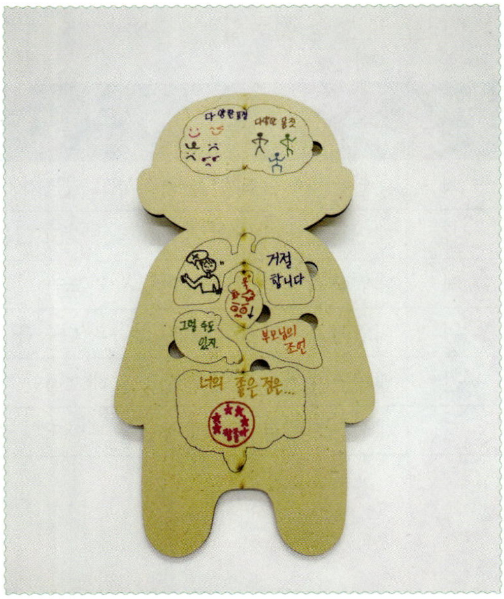

관계 강화

중학교 2학년, 남학생

신체기관의 역할에 대해 알아보고 대인관계 능력과 관련지어 보았다.

신체기관	질문	점수	강화 또는 개선 방법
뇌	대인관계에서 타인을 인식하고 있는가?	7점	타인과의 대화 시 몸짓을 더 잘 살펴보기
심장	대인관계에서 배려하고 관심을 갖고 있는가?	7점	화가 나는 상황에서 감정적으로 대처하지 않고 상대방과 이야기를 이어 나가기
위	대인관계에서 서로 맞지 않음과 다름을 수용하는가?	4점	'그럴 수도 있지'라고 생각하기

대인관계 능력을 살펴보며 대인관계를 잘 하고 있다고 느꼈는데, 개선해야 할 점을 보며 어떤 부분이 힘들었는지 알게 되었다고 하였다.

사례 2

관계 능력 점수

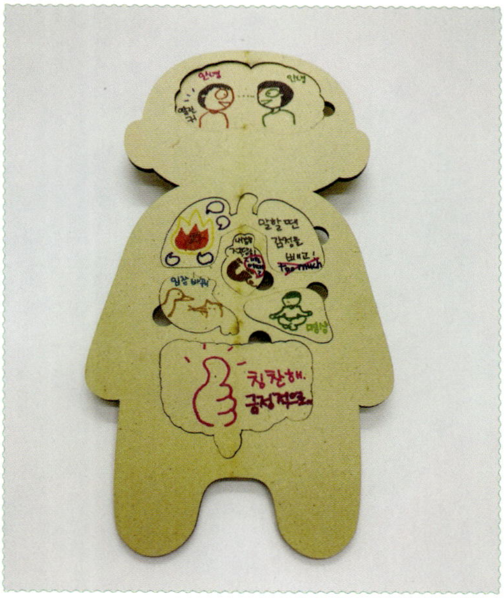

관계 개선

고등학교 2학년, 여학생

신체기관의 역할에 대해 알아보고 대인관계 능력과 관련지어 보았다.

신체기관	질문	점수	강화 또는 개선 방법
폐	대인관계에서 관계를 어렵게 만드는 말과 행동을 걸러 내는가?	1점	도가 지나친 말을 줄이기
간	대인관계에서 비난과 갈등을 해소하는가?	4점	상대방의 감정과 말을 들어 보기
장	대인관계에서 타인의 장점을 본받거나 충고나 조언을 받아들이는가?	2점	타인의 좋은 점을 찾기, 긍정적으로 생각하기

타인과의 관계가 잘 되지 않는다고 생각했었는데 어떤 부분이 잘 안 되는지 구체적으로 생각해 보지 않았었다고 하였다. 미술치료를 통해 구체적으로 살펴보며 자신의 감정만 너무 많이 토해 내고 있음을 인식하게 되었고 타인의 감정과 이야기도 듣고 수용해야 함을 알게 되었다고 하였다.

5월

6월

1주 Hot fix–핫픽스

2주 Clean tissue–클린 티슈

3주 Bubble–거품

4주 Compound–컴파운드

씻어내다

실수로 인한 걱정과 후회, 좌절된 마음,
대인관계 갈등이나 어려움을 찾아 씻어내요.

1주

Hot fix

핫픽스

매체: 기화펜

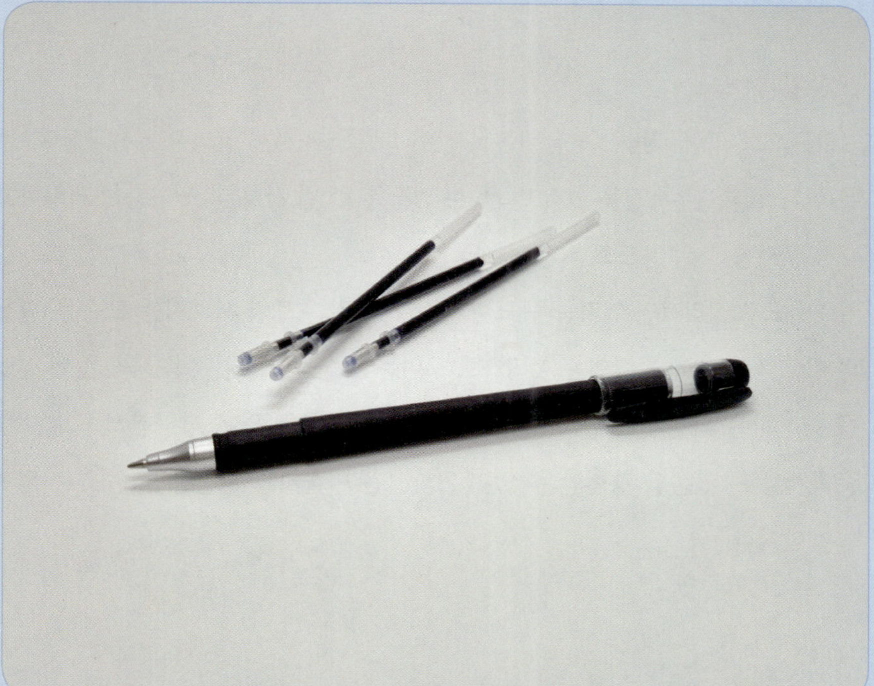

매체: 기화펜

기화펜은 잉크의 성분이 공기와 반응하여 글씨나 그림이 보이지 않게 되는 잉크를 넣은 펜이다.

매체 활용 이유

기화펜으로 그린 그림이나 글씨는 시간이 흐르면 서서히 옅어지다 사라진다. 때문에 기화펜은 문제집을 여러 번 풀 수 있도록 한 번 사용 후 필기를 초기화하고 다시 문제를 푸는 용도로 사용되기도 한다.

기화펜으로 심리적인 어려움을 표현한 뒤 시간이 흐르면 사라지는 모습을 관찰하며 그 흔적 위에 반짝이는 핫픽스로 꾸미는 미술작업은 문제를 다시 풀어 실력을 향상하는 과정과 유사하다. 심리적 어려움을 통해 얻은 자양분으로 실수를 승화시킬 수 있음을 경험할 수 있어 기화펜은 미술치료에 활용할 수 있는 의미 있는 매체다.

Hot fix

목표

1. 실수로 인한 걱정과 후회를 지우며 심리적 안정을 가질 수 있다.
2. 실수로 인한 걱정과 후회를 지운 자신을 스스로 위로하고, 실수를 자양분으로 하여 희망을 찾을 수 있다.

준비물

기화펜, A4 용지, 다양한 핫픽스 도안, 다리미, 종이 또는 천

활동방법

1. 시간이 흐르면 그림이나 글씨가 사라지는 기화펜의 특성을 설명한다.
2. 자신이 실수했던 기억으로 인한 걱정, 후회 등을 종이에 기화펜으로 그리거나 글로 쓴다.
3. 실수했던 기억으로 인한 걱정, 후회 등이 서서히 사라지는 모습을 관찰하며 시간이 지나면서 희미해지는 부분, 실수로 인한 걱정이나 후회를 지우려고 노력했던 것, 실수로 인한 걱정이나 후회를 지우는 데 도움이 되었던 것과 도움이 되지 않았던 것들을 이야기 나눈다.
4. 그림이나 글씨가 사라진 종이를 보면서 실수로 인한 걱정, 후회가 사라진 자신의 모습이 어떨지 상상해 본다.

   예 어떤 표정을 지을까, 어떤 생각을 할까, 어떤 말을 할까, 어떻게 행동할까
5. 실수를 통해 얻게 된 자양분이 무엇인지 생각해 본다.

   예 같은 실수를 하지 않기 위해 노력해서 얻은 것, 실수를 통해 배우게 된 것 등
6. 실수로 인한 걱정, 후회를 지우고 자양분을 얻은 자신의 모습을 떠올려 보고 그 모습에 어울리는 이미지나 필요한 이미지, 자신에게 응원이 되는 이미지를 핫픽스 도안 중에서 선택하여 활동방법 2의 그림이나 글씨가 사라진 깨끗해진 종이 위에 붙인다.

7. 핫픽스가 눌러붙지 않도록 종이 또는 천을 올려놓고 다리미로 꾹꾹 눌러 다린다.
8. 핫픽스로 아름답게 빛나는 것을 보며 느낀 점을 이야기 나눈다.
9. 활동 후 느낀 점에 대해서 이야기 나눈다.

주의사항

1. 기화펜을 종이에 눌러쓰면 자국이 남을 수 있으므로 눌러쓰지 않도록 하고, 잘 눌리지 않는 종이를 사용하고 바닥면이 딱딱한 곳에서 사용하는 것이 좋다.
2. 기화펜은 잉크 성분이 공기 중의 산소, 이산화탄소 그리고 수분을 흡수하여 화학반응으로 색이 퇴색되는 원리다. 이로 인해 종이를 펼쳐 놓았을 경우 평균 30분에서 3시간 내외로 글씨가 사라지고 습도가 높은 곳에서는 더 빨리 사라지므로 사라지는 속도를 높이려면 습도를 높이는 것이 좋다.
3. 매끈한 종이의 표면에서 A4 용지보다 빨리 기화된다.
4. 화학반응이 일어나므로 환기가 잘되도록 한다.
5. 핫픽스를 붙일 때 다리미로 다린 후 바로 비닐을 뜯어내면 뜨거우므로 잠시 식힌 후 비닐을 뜯어 화상에 주의한다.

사례 1

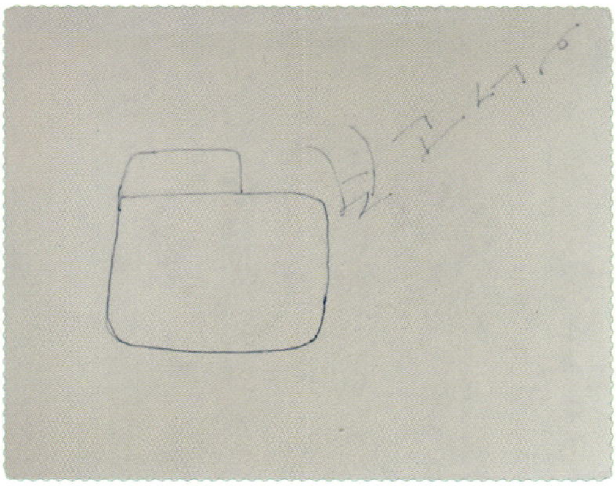

실수

자양분을 얻은 모습

대학교 2학년, 여학생

며칠 동안 노트북으로 작성한 리포트를 컴퓨터 바이러스 때문에 모두 날렸다. 리포트는 기한 내에 제출하지 못해 감점을 받았는데 팀 과제라서 팀원 전체에게 피해가 갔고, 자신은 이 과목 학점 때문에 장학금을 받지 못했다. 지나간 일이니까 되돌릴 수도 없고 다음 수업에 잘하면 된다고 생각했지만, 다음 학기 수업에서 자신과 같은 팀을 하지 않으려고 수군대는 것 같아 불편했다. 리포트 제출일이 다가오면 파일이 사라지는 악몽을 꾸기도 했다. 걱정하고 눈치 보는 것은 도움이 되지 않았다. 실수가 사라진다면 눈치를 덜 보고 자신감 있는 표정을 지을 것이라고 하였다.

실수로 얻은 자양분은, 중요한 파일은 클라우드와 USB에 날짜별로 따로 저장해 두고 관리해야 한다는 것을 배운 것이고, 지금은 파일 관리를 잘한다는 인정을 받게 되었다고 하였다.

파일이 사라지는 두려움에서 자유로워진 자신을 떠올리며 나비모양 핫픽스를 선택하였다. 실수에서 그치지 않고 자양분을 얻어서 자유로워지기까지 뜨거운 다리미의 열처럼 열나게 노력하는 시간이 필요하다는 생각이 든다고 하였다.

사례 2

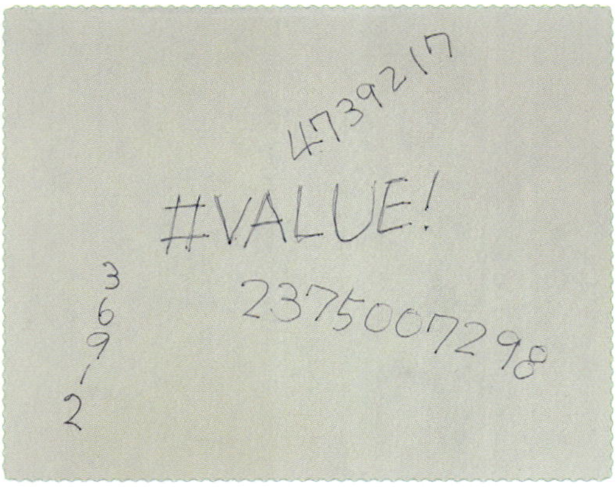

실수

자양분을 얻은 모습

20대 직장인, 여성

신입 때 발주 물량을 잘못 기록해서 회사에 피해를 입혔던 실수로 숫자를 볼 때마다 멀미가 난 것 같이 힘들었다. 몇 번씩 다시 보고 사수에게 확인받았다. 사수에게 확인하는 것은 실수하지 않는데는 도움이 되었지만 일이 빠르게 진행되지 않아서 일 못하는 사람 취급을 받았다. 실수가 사라지면 주눅 들어 구부정한 어깨가 펴지고 평안한 모습일 것 같다고 하였다.

실수를 통해 얻은 자양분은 자신이 숫자에 약한 점을 보완하기 위해 엑셀 프로그램을 배우고, 수식으로 계산하고 다양한 방식으로 확인하며 실수하지 않으려고 노력한 것이다. 앞으로 엑셀뿐 아니라 업무와 관련한 다른 프로그램의 고급 기술도 배워서 업무 효율을 높이고 싶다고 하였다. 선배 중에 일을 잘하는 사람들을 보면 빛나 보이는데 자신도 일 잘하는 사람으로 불리고 싶어 왕관모양 핫픽스를 선택하였다. 빛나는 핫픽스를 보며 5년 후에는 신입에서 벗어나 자신 있게 일하는 모습이었으면 좋겠다고 하였다.

2주

Clean tissue

클린 티슈

매체: 청소포

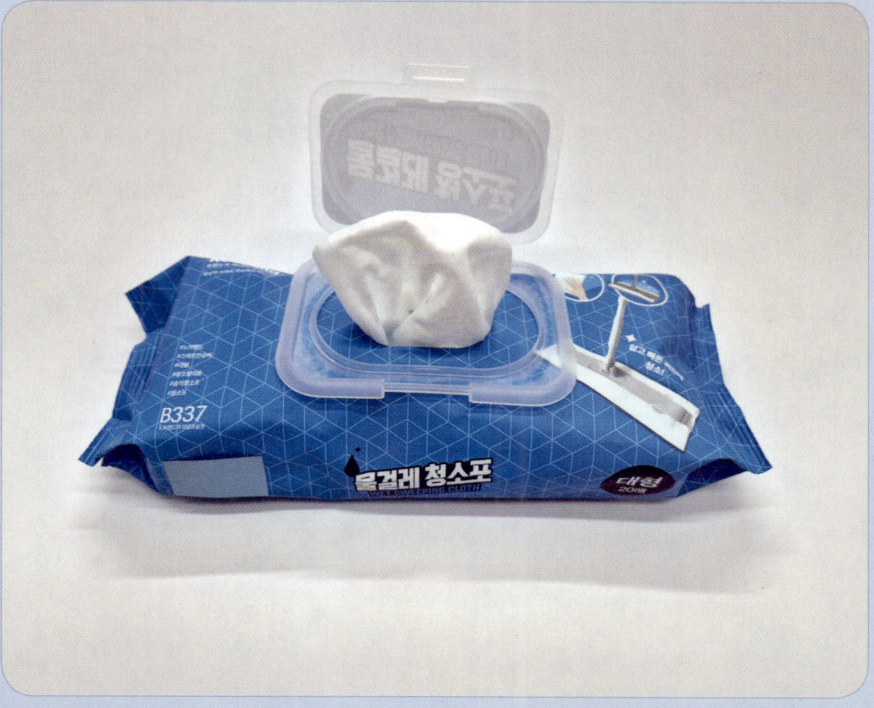

매체: 청소포

청소포는 물기를 없애거나 청소할 때 쓰이는 1회용 부직포 티슈이다. 정전기 청소포, 물걸레 청소포 등 크게 건식과 습식으로 나뉘며 크기와 형태는 매우 다양하다.

매체 활용 이유

청소포는 더러운 것을 닦아 내기 위해 사용하며 구매가 쉽고 간편하게 사용이 가능하다. 또한 더러운 것을 닦아 낸 후 바로 버릴 수 있다는 편리함과 1회 사용이라는 위생적이라는 장점이 있다.

청소포는 자신의 지워 버리고 싶은 기억을 탐색하여 그림으로 표현한 후 물로 씻어 힘든 기억을 지울 수 있어 미술치료에 활용할 수 있는 의미 있는 매체다.

Clean tissue

목표

1. 지워 버리고 싶은 기억을 안전하게 표출할 수 있다.
2. 변화 가능한 자신을 인식하고 어떤 노력을 해야 할지 탐색할 수 있다.

준비물

습식 청소포, 노마르지펜

활동방법

1. 자신에게 지워 버리고 싶은 기억들이 있다면 무엇이 있는지, 지우고 싶은 이유는 무엇인지 탐색한다.
2. 지워 버리고 싶은 기억들이 현재 어떤 영향을 미치는지 탐색한다.
3. 노마르지펜으로 습식 청소포에 지워 버리고 싶은 기억을 적거나 그림으로 그린다.
4. 치료사는 내담자에게 기적 질문을 한다(참고: p. 178, 기적 질문).

   예 어느 날 밤 잠든 사이 기적이 일어나 지워 버리고 싶은 기억들이 사라졌다고 상상해 보세요. 기적이 일어난 줄 어떻게 알았을까요? 무엇이 다를까요?
5. 활동방법 3의 습식 청소포를 물로 씻어 펜으로 그린 것을 지운다.
6. 활동방법 5를 하면서 어떤 생각과 느낌이 들었는지 이야기 나눈다.
7. 지워 버리고 싶은 기억을 지운 청소포를 보면서 지워 버리고 싶은 기억들이 다시 반복되지 않게 하기 위해 어떤 노력이 필요한지 탐색한다.
8. 활동 후 느낀 점에 대해서 이야기 나눈다.

참고*

● 기적 질문

내담자의 문제가 해결되었을 때의 긍정적인 미래상을 구체적이고 명료하게 볼 수 있도록 하기 위한 기법 중 하나다.

내담자가 자신의 문제에 대한 예외를 발견할 수 없는 경우 잠재적인 예외를 발견하기 위해서 사용하는 해결중심상담의 한 기법이다. 예를 들어, "만일 기적이 일어난다면 당신의 삶이 어떻게 바뀔 것이라고 생각하나요?"라고 치료자가 내담자에게 질문하는 것이다.

기적 질문을 상담과정에서 하는 이유는 다음과 같다.

첫째, 치료의 목표를 설정하기 위해서다. 치료의 목표를 설정할 때 기적 질문을 사용함으로써 내담자가 원하는 목표를 알아낼 수 있고, 또한 언제 치료가 끝날지 알려 주는 단서가 된다.

둘째, 가상적으로 기적을 체험하는 기회를 준다. 이 과정을 통해 문제가 해결되었을 때의 기쁨을 미리 맛볼 수 있다.

셋째, 개선된 이야기를 창조할 수 있다. 그 이야기를 바탕으로 기적 질문을 하기 전 내담자의 삶에 대한 인식을 기적 질문 이후에 개선할 수 있게 된다.

* 참고의 내용은 김춘경 외(2016)에서 수정 발췌함

사례 1

지우고 싶은 기억

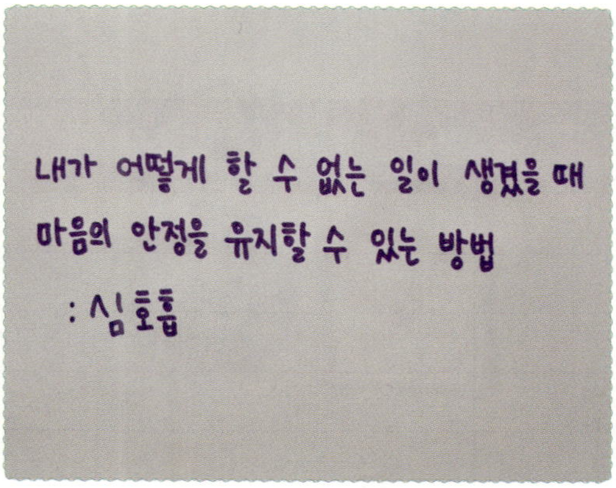

나의 노력

초등학교 5학년, 여학생

어렸을 적 주택에 살았는데 대낮에 도둑이 들었다. 엄마는 잠시 집 앞 마트에 가서 집에 안 계셨고 현관문 앞에서 도둑과 마주쳤다. 자신을 밀치고 도망간 도둑이 너무 무서워 집에 못 들어가고 있었는데 엄마가 마트에 다녀오면서 자신을 발견해 안아 주었다고 하였다.

도둑이 집에 다녀가고 자신과 마주쳤던 기억을 지웠으면 좋겠다고 하였다. 이 기억을 지우게 된다면 평소처럼 집에 가는 것이 즐겁고 무섭지 않을 것 같다고 하였다.

지워 버리고 싶은 기억이 다시 반복되지 않도록 내가 어떻게 할 수 없는 일이 생겼을 때 마음의 안정을 유지할 수 있는 방법으로 심호흡을 해 볼 것이라고 하였다.

사례 2

내 인생의 결점

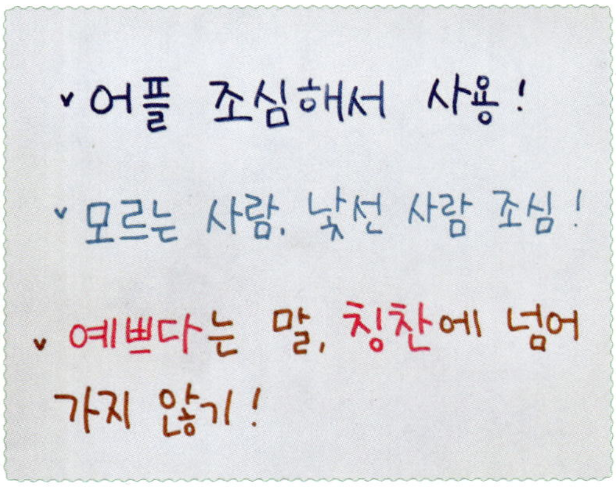

나의 노력

대학교 1학년, 여학생

데이트 앱을 이용해 남자 친구를 만난 적이 있었는데 자신도 모르게 핸드폰 소액결제가 되었고 자신 명의로 대출도 되었다. 경찰서와 법원을 여러 번 다녀오고 변호사와 만나서 상담을 받으면서 일을 처리하는 것이 너무나 어렵고 힘들었다. 데이트 앱을 이용해서 만났던 남자가 자신의 핸드폰을 몰래 들고 가서 핸드폰 소액결제를 하고 대출을 신청했음을 나중에 알게 되었다고 하였다.

이번 일로 자신이 취업을 할 때 피해를 받게 될까 너무 두렵고 주변에 알려질까 무섭고, 부모님께 짐을 안겨 드린 것 같아 죄송하다. 이 일이 자신의 삶에서 지워지면 좋을 것 같다. 이 상황이 지워진다면 부모님께 죄송한 마음이 사라질 것 같다고 하였다.

힘든 기억이 다시 반복되지 않도록 '앱 조심해서 사용하기', '모르는 사람, 낯선 사람 조심하기', '예쁘다는 말, 칭찬에 넘어가지 않기'를 노력해 볼 것이라고 하였다.

3주

Bubble

거품

매체: 비누 거품

매체: 비누 거품

비누 거품은 동글동글한 비눗방울이 모인 것이다. 비누 거품을 만들기 위해서는 세제가 필요하다. 세제는 주로 물에 풀어서 이물질이나 오염된 것을 씻어내는 데 사용한다.

매체 활용 이유

비누 거품은 불어서 놀이에 활용할 수도 있고 물감이나 색을 추가할 경우 아름다운 색을 찍어 낼 수도 있어 미술활동에 자주 사용된다.
비누 거품은 세제로 만들기 때문에 부정적인 정서를 씻어낸다는 상징적인 메시지를 줄 수 있어 미술치료에 활용할 수 있는 의미 있는 매체다.

Bubble

목표

1. 자신의 노력에도 불구하고 실패했던 경험이 자신에게 미치는 부정적인 영향에 대해 알 수 있다.
2. 실패하여 좌절된 마음을 씻어낼 수 있는 방법을 찾을 수 있다.

준비물

주방세제, 거즈(Tip 3), 글라스 마커, 페트병, 대야, 고무줄, 칼

활동방법

1. 노력하였으나 실패했던 최근의 경험을 떠올려 보고 그 경험과 관련한 감정이나 상황을 바닥, 벽 등에 그림을 그리거나 글로 쓰고 이야기 나눈다.
2. 실패를 경험한 이후 다시 도전하기 어렵거나, 포기해 버리는 등 자신에게 끼친 부정적인 영향에 대해서도 이야기 나눈다.
3. 실패한 경험을 지우듯 바닥 또는 벽에 적거나 그린 것을 지울 비누 거품을 준비한다.

〈비누 거품 준비하는 방법〉

① 페트병을 눕혀 가로로 반을 자른다.

② 페트병 입구가 아닌 자른 단면이 있는 쪽에 거즈를 씌워서 고무줄로 고정시킨다.

③ 대야에 주방세제를 물과 함께 섞는다.

④ 페트병의 거즈를 씌운 쪽을 대야에 담근 뒤 페트병 입구를 입으로 불어 비누 거품을 만든다.

4. 활동방법 1에서 적거나 그린 것을 향해 비누 거품을 불어서 글이나 그림이 비누 거품으로 덮여 보이지 않을 때까지 반복한다.

5. 부정적인 영향을 주는 실패의 경험을 깨끗이 지워 버리게 되면 지금 자신의 삶에 어떤 영향을 줄 것 같은지 이야기 나눈다.
6. 비누 거품이 묻은 곳을 물로 깨끗이 씻어내고 실패의 경험을 씻어낼 수 있는 다른 방법들을 생각해 보고 표현한다.
7. 활동 후 느낀 점에 대해서 이야기 나눈다.

Tip

1. 마당이나 주차장, 욕실 등 물청소가 가능한 곳의 바닥, 벽 등을 이용한다.
2. 유광 타일에는 글라스 마커로, 무광 타일에는 분필로 그림을 그린다.
3. 거즈 대신 빨아 쓰는 키친 타올도 가능하다.

과정

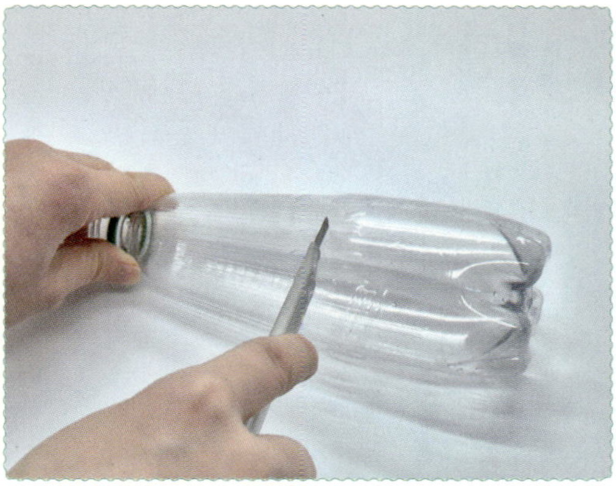

과정 1. 페트병 반으로 자르기

과정 2. 거즈를 페트병에 고정하기

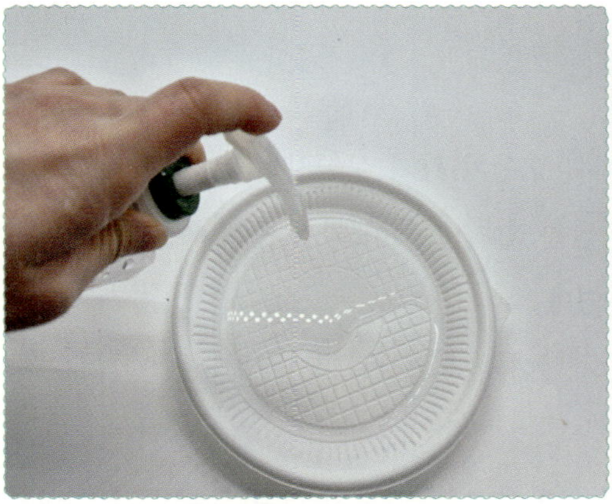

과정 3. 그릇에 세제와 물 섞기

과정 4. 비누 거품 불기

사례 1

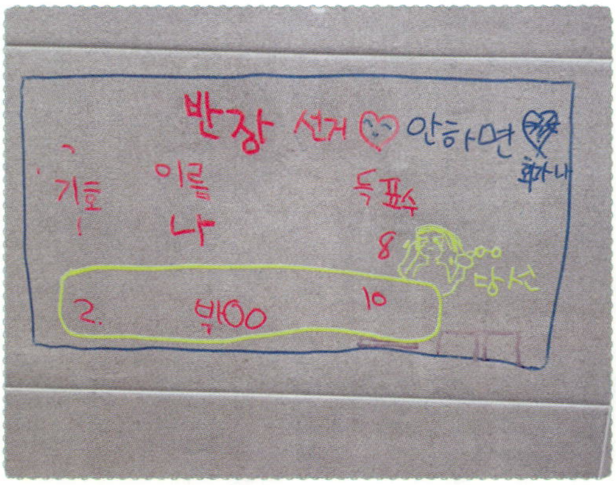

반장 선거

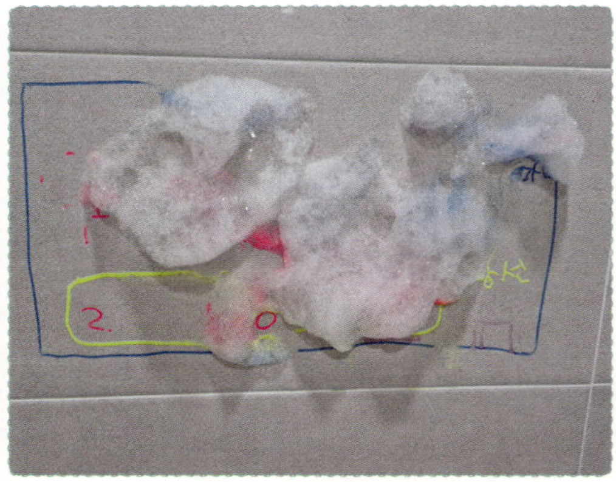

거품으로 덮기

초등학교 3학년, 여학생

반장이 되기 위해 공부도 열심히 하고 학급에서 모두가 하기 싫어하는 일도 맡아서 하였지만, 2표 차이로 아깝게 떨어진 실패의 경험을 말하였다. 반장이 되지 못해 속상하고, 떨어졌다는 것이 부끄러워서 학교도 가기 싫다고 하였다.

거품을 불어 실패한 경험이 지워지자 선거에서 떨어져서 속상하고 부끄러웠던 기억도 사라졌으면 좋겠다고 하였다.

실제로 실패한 경험을 씻어낼 수 있는 방법에는 어떤 것이 있는지 질문하자, 반장이 되지 못해 속상해하는 나를 위로해 준 친구들이 있었다는 것과 아빠가 반장 선거에 나간 용기가 대단하다고 칭찬해 준 말이 힘이 되어 위로가 되었다고 하였다.

사례 2

불합격 문자

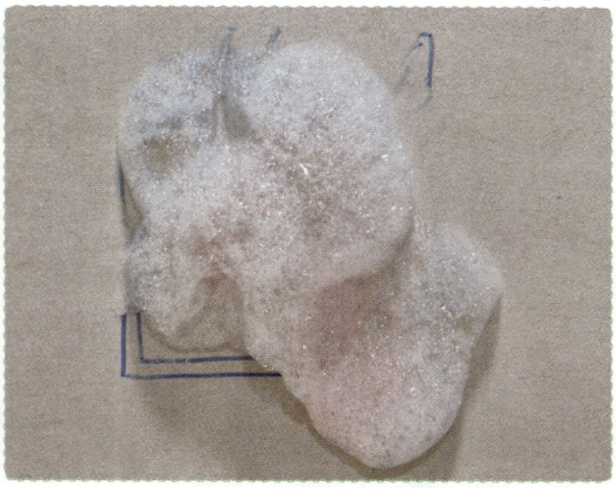

거품으로 덮기

대학교 4학년, 여학생

원하던 회사에 취직하기 위해 많은 준비를 하였지만, 불합격 통보를 받았던 실패의 경험이 생각난다고 하였다. 준비도 많이 하고 기대도 컸던 만큼 불합격이라는 문자를 받자 정신이 많이 흔들렸다고 그때의 기분을 설명하였다.

거품이 묻어 지워진 낙서를 보며 꿈이었으면 좋겠다는 아쉬운 마음을 표현하였다. 거품을 깨끗이 닦아 낸 면을 보자 실패의 기억도 이렇게 말끔히 사라진다면 다시 용기를 낼 수 있을 것 같다고 하였다. 또 불합격할까 봐 두렵지만, 취업 스터디를 같이하는 사람들이 자신과 비슷한 경험을 이야기하는 것을 들으며 위로가 되어 다시 마음을 잡고 취업 준비를 해야겠다고 하였다.

4주

Compound

컴파운드

매체: 컴파운드

매체: 컴파운드

컴파운드(compound)는 자동차 외부의 미세한 흠집 또는 녹을 제거하거나 잘 지워지지 않는 오염물을 제거하는 연마제다.

매체 활용 이유

컴파운드의 연마제 성분으로 도장 면을 닦으면 흠집이나 스크래치 옆의 도색면 알갱이가 흡수되면서 흠집이 보이지 않게 된다.

컴파운드의 이러한 특성은 관계에서 경험하는 심리적 상처도 지우거나 흐리게 할 수 있다는 것을 깨닫게 도울 수 있다. 컴파운드는 상처를 치유하는 미술치료에 활용할 수 있는 의미 있는 매체다.

Compound

목표

1. 대인관계에서 경험한 상처를 표현하고, 상처가 옅어지거나 보이지 않도록 하는 과정에서 심리적 치유를 경험할 수 있다.
2. 대인관계 갈등이나 어려움에 효율적으로 대처할 수 있는 방법을 알 수 있다.

준비물

컴파운드, 도색한 금속판, 페인트 마커, 드라이버, 스펀지, 장갑

활동방법

1. 대인관계에서 상처받았던 경험을 이야기 나눈다.
2. 관계에서 경험한 상처를 금속판에 드라이버로 선의 형태로 표현한다.
3. 상처를 표현한 금속판에 미세한 흠집을 지우는 컴파운드를 짜서 스펀지로 문지른다.
4. 컴파운드를 바른 자리를 반복해서 닦아 상처를 표현한 흠집을 지운다. 상처를 옅어지게 하거나 지우기 위해서는 반복적인 노력과 수고가 필요함에 대해 이야기 나눈다.
5. 상처가 옅어지거나 지워지는 과정을 통해 느껴지는 안도감, 다행스러움, 안심감 등에 대해 이야기 나누며 심리적 치유를 경험해 본다.
6. 대인관계에서 오는 갈등이나 어려움에 효율적으로 대처하기 위한 방법을 탐색한다.
   예 누군가가 상처를 줄 때 상처받지 않을 방법, 갈등을 최대한 적게 줄이는 방법, 어려움을 쉽게 해결할 수 있는 방법
7. 활동방법 6에서 탐색한 '효율적으로 대처하기 위한 방법'을 활동방법 4에서 상처를 표현한 흠집을 지운 금속판에 페인트 마커로 그리거나 적는다.
8. 실제로 대인관계에서 갈등이나 어려움을 경험하게 될 때 활동방법 6에서 탐색한 '효율적으로 대처하기 위한 방법'을 사용하면 어떨 것 같은지 이야기 나눈다.

9. 활동 후 느낀 점에 대해서 이야기 나눈다.

Tip

도색한 금속판을 구하기 어려우면 실험용 금속판에 자동차용 락커를 여러 번 두껍게 칠해서 사용해도 좋다.

과정

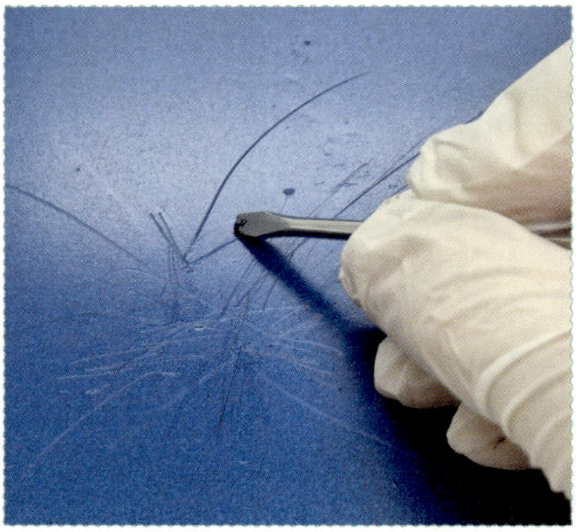

과정 1. 금속판에 상처 표현하기

과정 2. 상처 바라보기

과정 3. 컴파운드 칠해서 문지르기

과정 4. 상처가 희미해진 모습 바라보기

사례 1

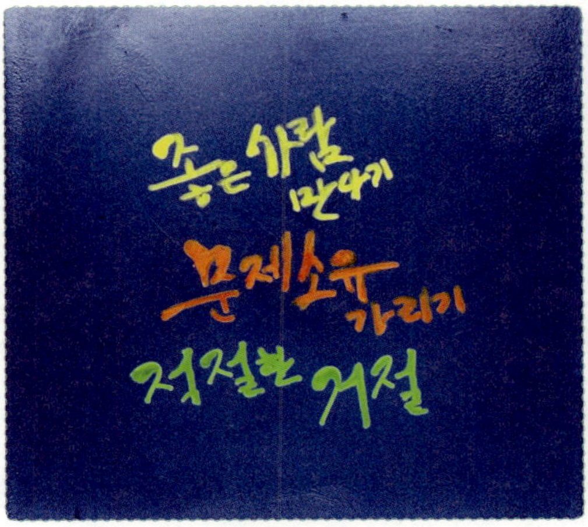

변화를 돕는 문구

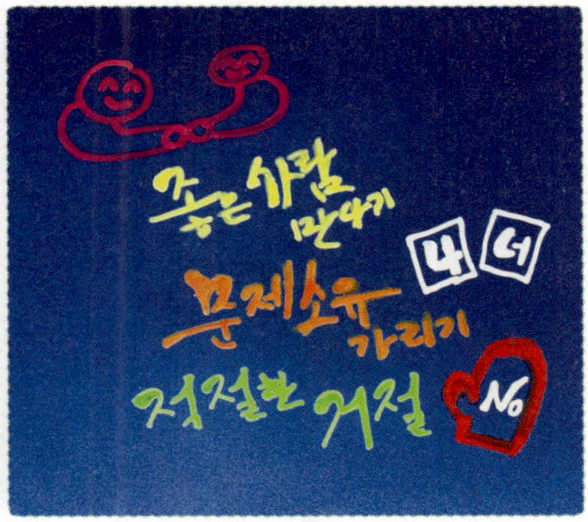

변화를 돕는 상징

대학교 1학년(휴학), 여학생

중학교 때부터 학교에서 집단 괴롭힘을 당하여 대인관계에 어려움이 있었다. 대학에 입학 후 친구와 친하게 지내고 싶어 친구들의 부탁을 무조건 들어주자 나중에는 금전적인 부분까지 무리하게 요구해서 결국 휴학하게 되었다고 하였다.

쉽게 지워지지는 않지만 컴파운드를 바르고 반복해서 문지를수록 흠집이 옅어지는 것을 보니 자신의 상처도 반복해서 노력하면 괜찮아질 것 같은 안도감이 들었다고 하였다.

상처받지 않으려고 사람을 만나지 않았는데 도움이 되지 않았다. 미술치료를 받으며 상처를 덜 받으려면 좋은 사람을 만나는 것이 필요하고, 대인관계에 갈등이 생겼을 때는 문제소유를 가려서 자신의 문제인지 타인의 문제인지 구분하는 것이 필요하다는 것을 알게 되었다. 상처를 쉽게 받지 않으려면 거절당할 것을 두려워하지 않고 적절히 거절하는 연습이 필요할 것 같다. 지금은 사람을 거의 만나지 않아서 이 방법들을 사용하기 어렵지만 가족에게 먼저 연습하면 복학을 하고 사람들을 만날 때 도움이 될 것 같다고 하였다.

사례 2

변화를 돕는 문구

변화를 돕는 상징

30대 직장인, 여성

남자 친구와 대화할 때 감정 조절이 잘 되지 않고 다툼이 많아 서로 상처를 주고받는다. 어머니와 대화를 하면 자신이 상처를 많이 받는다. 치료사가 상처받는 대화의 공통점을 찾아보도록 하여 생각해 보니 남자 친구와 대화할 때 어머니가 자신에게 하는 것처럼 남자 친구에게 자신의 생각을 강요하는 것 같다고 하였다.

스펀지로 문지르면서 자신이 어머니께 받은 상처를 어루만져 주는 것 같고, 옅어진 흔적을 보며 안심이 된다고 하였다.

자신의 방식이 도움이 되는 거라고 강요하지 않고 상대방이 이해하도록 부드럽게 설명하면 상처를 덜 주고받을 수 있겠다. 상처를 쉽게 지우기 위해 부정적인 생각이 들 때 쓰레기통에 버리는 상상을 한다. 남자 친구와 대화할 때 다툼이 일어나 상처받지 않도록 '나는 부드럽게 표현'이라고 자신에게 보내는 메시지를 만들고 솜사탕을 그렸다. 이 방법들을 사용하면 남자 친구와 갈등이 줄어들 것 같다고 하였다.

7월

결심하다

지금-여기를 알아차려 인생의 꿈을 이루기 위해
매일 노력하기로 결심해요.

1주

Lens

렌즈

매체: 종이안경

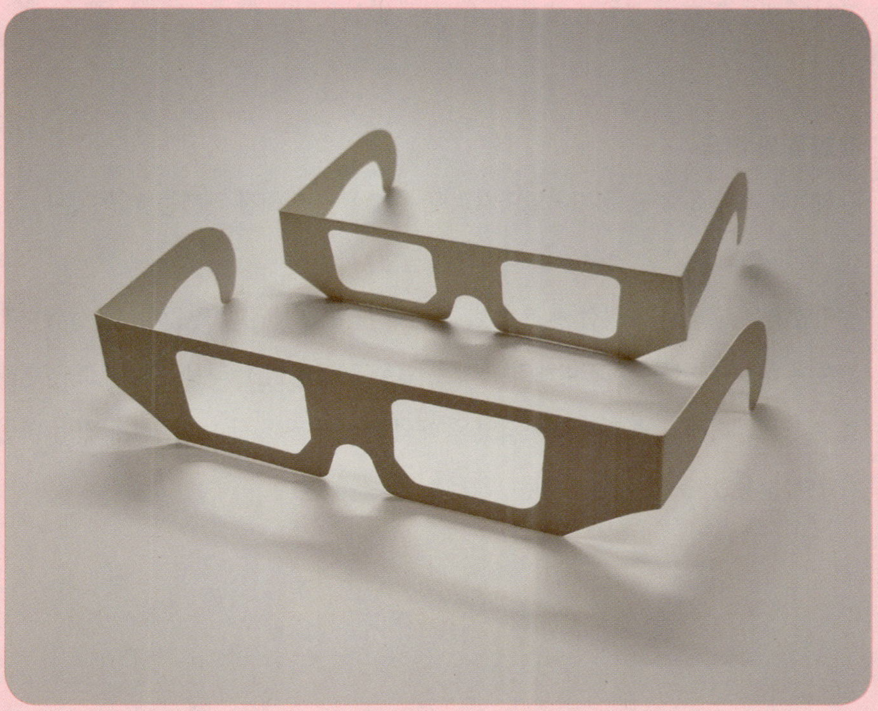

매체: 종이안경

안경은 시력이 나쁜 눈을 잘 보이게 하거나 바람, 먼지, 강한 햇빛을 막기 위하여 눈에 쓰는 물건이다. 종이안경은 직접 만들어 보면서 학습용, 놀이용으로 다양한 꾸미기 재료를 잘라 붙이고 색칠할 수 있는 매체다.

매체 활용 이유

감정이나 욕구를 차단하거나 알아차리지 못해 쌓인 미해결 과제는 짜증, 분노, 의심, 두려움 등 다양한 어려움을 경험하게 만든다.

종이안경은 내담자가 직접 렌즈를 바꿔 끼워 보며 초점이 맞지 않는 듯 정확하게 보지 못하는 체험을 통해 미해결 과제로 인한 답답함과 어려움을 실제로 경험해 볼 수 있고, 미해결 과제가 해소되었을 때의 편안함을 직접 느껴 볼 수 있어 미술치료에 활용할 수 있는 의미 있는 매체다.

Lens

목표

1. 현재 자신의 삶에 부정적 영향을 미치는 자신의 미해결 과제를 알아차릴 수 있다.
2. 자신의 미해결 과제를 해소할 수 있다.

준비물

종이안경, 종이안경 렌즈 크기의 OHP 필름 2개, A4 용지, 네임펜, 색연필, 투명 테이프

활동방법

1. 치료사는 내담자에게 미해결 과제가 무엇인지, 미해결 과제가 해결되지 못하면 경험하게 되는 어려움은 어떤 것이 있는지 설명한다(참고: p. 200, 게슈탈트 미해결 과제).

   설명 ① 미해결 과제: 자신의 욕구나 감정을 게슈탈트로 형성하지 못했거나, 형성된 게슈탈트가 어떤 요소의 방해로 해소되지 못하여 배경으로 사라지지 못한 것

   ② 미해결 과제로 인해 경험하게 되는 어려움: 신체적으로나 심리적으로 짜증, 분노, 의심, 두려움의 감정을 경험하게 됨

2. 트라우마에 대한 기억, 과거 중요한 사람과의 해결되지 못한 감정, 상실과 치유되지 못한 마음, 실패에 대한 기억 등 오래되었지만 현재 자신의 삶을 괴롭히는 것들이 무엇이 있는지 생각해 보며 자신의 미해결 과제를 찾아본다.
3. 자신의 미해결 과제 중 가장 괴롭다고 느껴지는 것을 선택한다.
4. 종이안경에 OHP 필름을 붙이고 렌즈에 미해결 과제를 그림으로 그린다.
5. 도수가 맞지 않는 안경을 껴 본 적이 있는지 이야기를 나눈 후, 미해결 과제가 도수가 맞지 않는 안경처럼 불편하고 답답하며 부정적인 영향을 미치는 것임을 경험해 본다.
6. 미해결 과제가 그려진 렌즈로 인해 정확히 보는 것에 방해를 받아 흐리고 답답함을 느끼는 것처럼 미해결 과제로 인한 어려움을 탐색한다.

7. 미해결 과제의 해소를 위해서는 단지 회피하는 것이 아니라 지금-여기를 알아차리는 것으로 가능하다는 것에 대해 이야기 나눈다.
8. 활동방법 3에서 선택한 미해결 과제의 해결방법을 A4 용지에 그린다.
9. 활동방법 4에서 붙인 OHP 필름을 떼어 내고 깨끗하고 투명한 새로운 OHP 필름을 붙인다.
10. 도수를 교정한 안경이 잘 보이는 것처럼 편안해지기 위해 일상에서 효과적으로 욕구나 감정을 해소할 수 있어야 함에 대해 이야기 나눈다.
11. 활동 후 느낀 점에 대해서 이야기 나눈다.

참고*

- 게슈탈트 미해결 과제

미해결 과제는 자신의 욕구나 감정을 게슈탈트로 형성하지 못했거나, 형성된 게슈탈트가 어떤 요소의 방해로 해소되지 못하여 배경으로 사라지지 못한 것이다.

사람들이 자신의 욕구를 충족하기 위해 알아차림의 주기에 따라 편안하고 자발적으로 움직이지 않는다면 그 욕구는 미해결된 상태로 남는다. 어린 시절의 에피소드나 중요한 욕구가 충족되지 않은 채 남아 있으면 생리적으로나 심리적으로 적절하게 자신의 주기를 완결시키지 못한다. 이러한 미해결 과제는 해결되지 못한 욕구 때문에 계속해서 전경으로 떠오르려고 하여 또 다른 전경과 배경의 순환과정이 원활하지 못하게 만들고, 선명한 게슈탈트 형성을 방해하는 요인이 된다.

미해결 과제를 해소하기 위한 욕구의 에너지와 심리적 자원은 미해결 상황 속에서 억압되어 짜증, 분노, 의심, 두려움의 감정 등으로 나타나는데, 이것을 해소하거나 그냥 놓아 버림을 수용하는 것으로 해결해야 한다. 펄스(Perls)는 미해결 과제의 해소를 위해서는 개체가 회피하는 것이 아니라 지금-여기를 알아차리는 것으로 가능하다고 하였다.

* 참고의 내용은 김춘경 외(2016)에서 수정 발췌함

사례 1

렌즈에 그린 미해결 과제

미해결 과제 해결방법

30대 직장인, 남성

미해결 과제는 박사학위와 다른 자격증을 더 취득해야 한다는 강박적인 생각에 늘 시달린다는 것이다. 자신의 좌절된 욕구가 무엇인지 탐색하는 과정을 통해 매사에 긴장감을 느끼고 뭔가 혼자 뒤처지는 듯한 두려움에 쉽게 빠지게 되는 것이 인정 욕구 때문인 것 같다고 하였다.

학위와 자격증을 미해결 과제로 렌즈에 그렸다. 그림이 그려진 렌즈로 보는 듯한 답답함과 불편함을 해소하기 위해 스스로 자신을 인정해 주기로 하였다.

매일 아침 거울을 보며 "너는 충분히 열심히 살고 있어.", "지금 최선을 다하는 네 모습은 이미 훌륭해."라고 스스로 말해 주기로 하였다.

사례 2

렌즈에 그린 미해결 과제

미해결 과제 해결방법

50대 주부, 여성

무수히 많은 다이어트를 해 보았고 쉬지 않고 시도하였지만 결국 다시 살찐 모습으로 돌아가는 것이 자신의 미해결 과제다. 다이어트에 또 실패하였다는 생각이 들면 자신에게 분노가 일어나고 자괴감이 들어 너무 괴롭다고 하였다.

그러나 미술치료를 통해 폭식과 음식 절제를 하지 못하게 된 계기가 남편의 외근이 잦아져 혼자 독박 육아를 하며 외롭고 힘들었던 시기부터였다는 것을 깨닫게 되었고, 실제 미해결 과제는 애정 욕구가 충족되지 못했기 때문이라는 것을 알게 되었다.

날씬한 모습을 바라지만 현재 변함없이 뚱뚱한 자신의 모습을 렌즈에 그렸다. 미해결 과제 해소를 위해 일주일에 한 번 남편과 외식하기, 하루에 한 번 남편에게 칭찬해 달라고 부탁하기 등 남편에게 바라는 것들을 A4 용지에 그렸다.

이제부터는 남편이 알아서 자신을 챙겨 주기를 바라지만 말고 원하는 것을 정확하게 남편에게 이야기하고 부탁해서 미해결 과제를 쌓아 가지 않도록 노력하겠다고 하였다.

2주

Ball

공

매체: 투명 공

매체: 투명 공

투명 공은 PVC 소재로 만든 투명한 매체다. 투명 공에 유성 매직이나 네임펜으로 그림을 그릴 수 있다.

매체 활용 이유

공은 스스로는 움직일 수 없고 외부의 자극을 받아야 움직일 수 있다. 공이 자극을 받아 앞으로 굴러가는 것은 마치 우리가 목표를 향해 나아가는 것에 비유할 수 있다. 목표를 향해 나아갈 때 부모, 친구, 사회 등의 외부 요인에 의해 자신의 의지와는 상관없는 방향으로 가기도 한다. 이로 인해 심리적 어려움이나 불편을 느끼게 된다. 외부 요인이 아닌 자유의지로 선택하여 좋은 결과를 얻은 예외 사건을 찾아본다면 스스로에 대한 자신감을 키울 수 있을 것이다.

또한 목표를 향해 나아가는 공에 자기 추진력을 부여할 수 있는 것을 그리거나 글로 적어 자기 결정에 대한 힘과 권한이 부여되는 경험을 해 볼 수 있어 투명 공은 미술치료에 활용할 수 있는 의미 있는 매체다.

Ball

목표

1. 행동을 계획하고 실행할 때 어떤 외부 자극의 영향을 받는지 탐색할 수 있다.
2. 외부 자극에도 불구하고 자신의 동기와 의지를 발현하여 성공한 경험을 찾을 수 있다.
3. 자기 추진력을 부여할 수 있는 것을 탐색할 수 있다.

준비물

투명 공 2개(1개는 물을 채워 준비), 주사기, 먹물, 유성 매직 또는 네임펜

활동방법

1. 어떤 일을 계획하고 실행함에 있어 외부 자극을 얼마나 받는지 생각한 후 물을 채운 투명 공에 외부 자극을 받는 만큼 먹물을 주사기로 넣는다.

   예 외부 자극: 부모의 가르침, 친구들의 영향이나 평가, 하기 싫지만 의무감으로 해야 하는 것과 하고 싶지만 하지 못하는 것 등
2. 먹물을 넣은 투명 공을 굴려 본 다음 공기만 넣은 투명 공도 굴려 본다. 각각의 공을 굴리며 느낀 차이를 이야기 나눈다.
3. 먹물(외부 자극)을 넣은 투명 공과 공기만 넣은 투명 공을 보면서 활동방법 1의 외부 자극이 자신에게 어떤 영향을 주는지 살펴본다.
4. 치료사는 외부 자극에도 불구하고 자신의 의지로 성공한 경험을 찾아볼 수 있는 예외 질문을 한다. 성공할 수 있었던 이유도 함께 탐색한다(참고: p. 206, 예외 질문).
5. 외부 자극을 제거했을 때의 장점을 찾아 투명 공에 유성 매직 또는 네임펜으로 그림을 그리거나 글로 써서 자유롭게 표현한다.
6. 자기 추진력을 높일 수 있는 방법에 대해 살펴보고 이야기 나눈다.
7. 활동 후 느낀 점에 대해서 이야기 나눈다.

7월

참고*

예외 질문

예외란 내담자의 삶에서 문제라고 생각하는 행동이나 사건이 일어나지 않은 때를 말한다. 이러한 예외적 행동이나 사건은 내담자의 삶에서 주로 무의식적 혹은 우연히 일어나는데, 예외 질문을 통해서 예외를 발견하고 구체화하여 강화할 수 있다. 이 접근 방법은 내담자가 가지고 있는 자원을 활용하여 의도적이고 의식적으로 예외가 계속 일어나도록 격려해 줌으로써 내담자의 자아존중감을 강화하는 효과가 있다. 또한 내담자는 예외 질문을 통해서 상담을 시작할 때 가졌던 자신의 문제에 대한 불평불만 등의 부정적인 생각, 느낌, 가치 등이 긍정적인 것으로 바뀌게 된다.

예외 질문을 사용하는 예는 다음과 같다. "보통 집에 들어오지 않는 것은 큰 싸움을 일으키지요. 그런데 어제는 어떻게 해서 큰 싸움이 일어나지 않았나요?", "지난밤에 평소와 다르게 행동한 것이 무엇이었나요?", "어떻게 그것이 다시 일어나도록 할 수 있을까요?", "그런 일이 다시 일어나려면 무엇이 필요한가요?"

* 참고의 내용은 김춘경 외(2016)에서 수정 발췌함

과정

과정 1. 물을 채운 투명 공

과정 2. 주사기로 먹물 주입

과정 3. 먹물이 든 투명 공 관찰

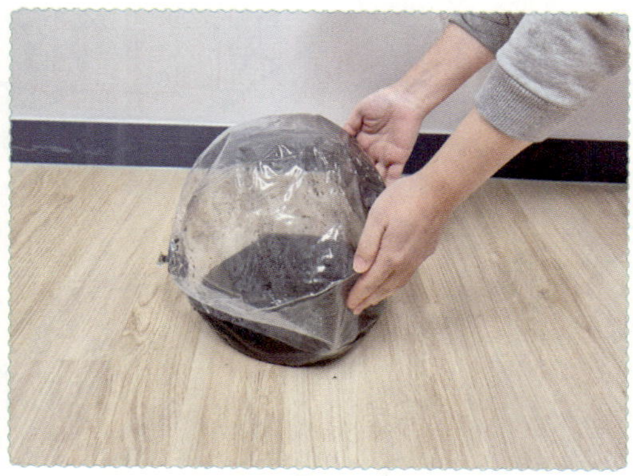

과정 4. 먹물 든 투명 공 굴리기

과정 5. 공기만 넣은 투명 공 굴리기

과정 6. 투명 공에 그림 그리기

사례 1

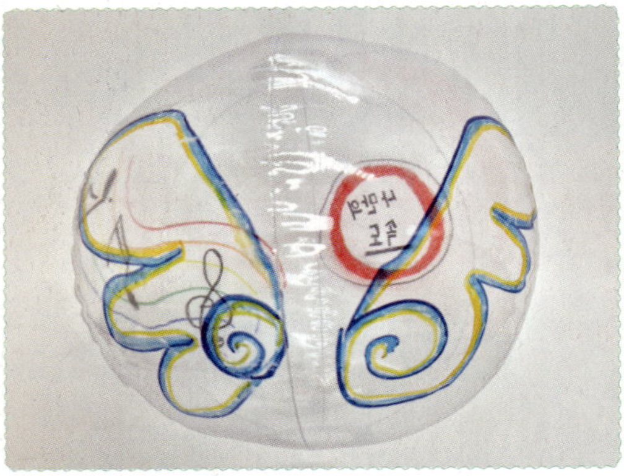

자유–날개

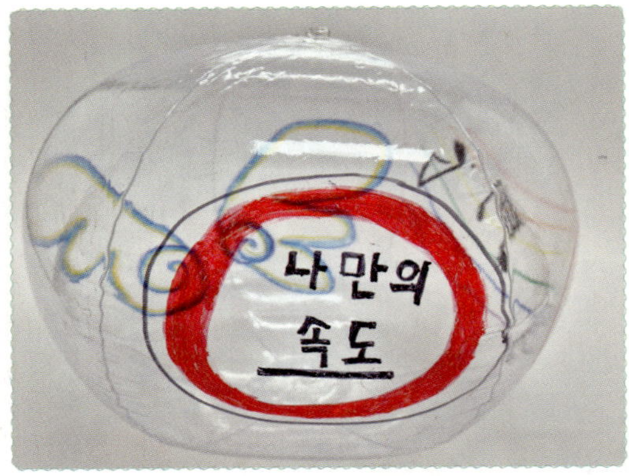

나만의 속도–표지판

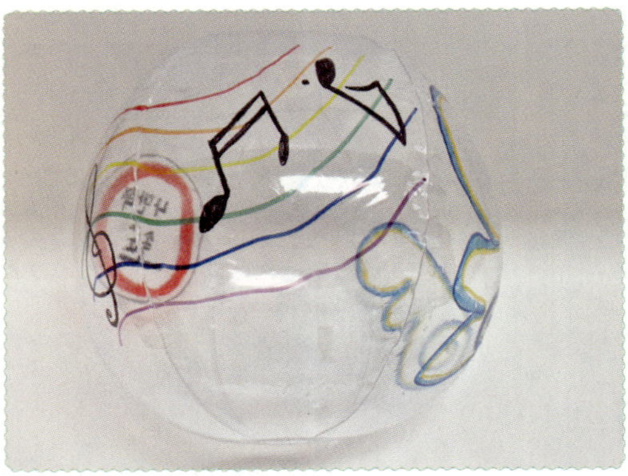

즐겁게 일하기–악보

여유–커피 한잔

30대 직장인, 여성

먹물이 든 투명 공과 공기만 넣은 투명 공을 굴려 보며 자신의 업무도 잘 굴러 갔으면 좋겠다고 생각하였다. 자신에게 외부 자극은 직장에서 요구하는 빠른 일 처리, 보고서 양식과 조금이라도 다르면 다시 해 오라고 하는 직장 상사다. 직장 상사를 떠올리면 주눅 들고 자꾸만 실수를 하게 된다. 한번은 상사가 출장으로 자리를 비운 날 혼자 업무를 수행한 적이 있는데, 평소보다 일을 빨리 끝냈다. 그때의 경험을 떠올리니 외부 자극이 없다면 자신만의 속도로 자유롭고 즐겁게 할 수 있을 것 같다고 하였다.

주눅 들지 않고 자신만의 속도를 유지한다면 자기 추진력이 높아질 것 같다고 하였다.

사례 2

야단맞을 일이 없다

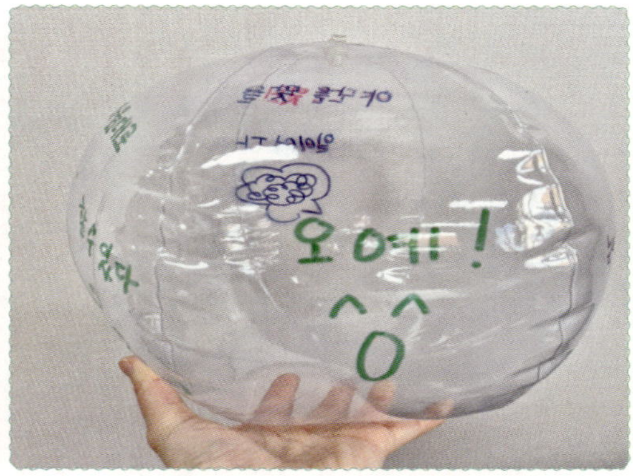

기분이 좋다는 의미의 오예!

눈치가 안 보인다

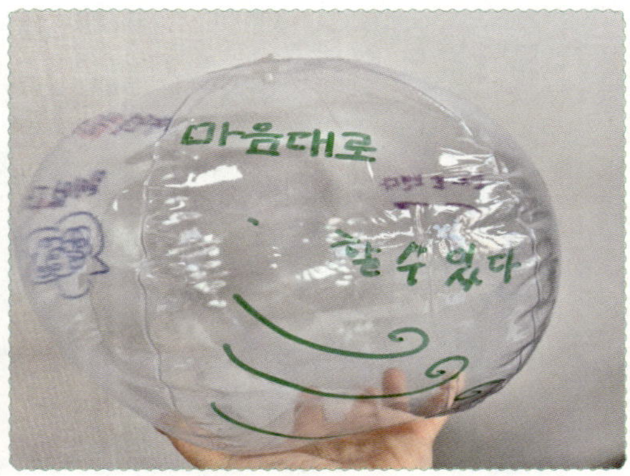

마음대로 할 수 있다

중학교 2학년, 여학생

외부 자극을 받는 정도에 따라 주사기로 공에 먹물을 넣어 보도록 하자 "엄마가 진짜 간섭이 심해요."라고 하며 먹물을 가득 넣었다. 누구의 간섭 없이 자신의 의지로 성공한 경험을 묻자 지난번 중간고사에서 영어 과목의 성적이 많이 떨어져 기말고사에서는 열심히 공부하여 좋은 점수를 받았던 경험을 말하였다. 외부 자극이 없다면 야단맞을 일이 없고, 자신을 지켜보는 눈이 없으니 눈치 보지 않아도 되고 마음대로 할 수 있다고 하였다. 성공의 경험을 떠올리며 자신을 움직이게 하는 힘은 확실한 목표를 가지는 것인 것 같다고 하였다.

3주

Pocket calendar

포켓 캘린더

매체: 포켓 캘린더

매체: 포켓 캘린더

포켓 캘린더(pocket calendar)는 생활비 달력, 용돈 달력으로 사용된다. 일자별로 주머니가 달려 있어 해당 날짜에 쓸 돈을 주머니에 미리 넣어 둘 수 있도록 만든 달력이다.

매체 활용 이유

포켓 캘린더는 한 달의 생활비를 미리 정해 놓고 달력 주머니 안에 돈을 나눠 넣어 하루에 정해진 금액으로만 생활하는 용도로 만들어졌다. 용돈 관리부터 생활비, 약 복용까지 다양한 연령층에서 여러 가지 목적으로 사용된다.
내담자가 상담과 치료를 받으며 행동 변화를 위한 목표 또는 계획을 수립하면 그 목표 달성을 위해서는 자신의 에너지와 주변의 지원이 필요하다.
포켓 캘린더는 하루하루 필요한 자신의 에너지, 힘을 주는 격려의 말, 행동강령 등을 일자별로 보관하며 필요할 때마다 꺼내 쓰도록 할 수 있어 미술치료에 활용할 수 있는 의미 있는 매체다.

Pocket calendar

목표

1. 목표를 설정하고 달성하기 위해서는 매일의 노력과 시간이 필요함을 알 수 있다.
2. 목표 설정과 달성을 위해 자신에게 필요한 것들이 무엇인지 알고 매일 활용할 수 있다.

준비물

포켓 캘린더, 색종이, A4 용지, 사인펜

활동방법

1. 지금-현재 가장 힘들고 어렵게 느껴지는 주호소 문제가 무엇인지 이야기 나눈 후 주호소 문제의 해결을 위해 어떤 목표가 필요한지 A4 용지에 기록한다.
2. 목표 달성은 어느 날 갑자기 또는 한순간에 이뤄지는 것이 아니라 매일의 노력과 수고가 함께 있어야만 된다는 것에 대해 이야기 나누며 노력과 수고로 목표 달성한 경험을 이야기 나눈다.
3. 활동방법 1에서 설정한 목표를 달성하기 위해서 필요한 것들이 무엇이 있는지 탐색해 본다.
4. 활동방법 3에서 탐색한 목표 달성을 위해 필요한 자신의 에너지, 행동 변화를 위한 결심들, 자신에게 힘을 주는 구호나 행동강령 또는 자신이 도움을 받거나 자신을 지지해 줄 수 있는 조력자, 성공적인 하루를 살아 낸 자신에게 주고 싶은 선물 등을 한 장의 색종이에 하나씩 적는다.
5. 포켓 캘린더를 보면서 용돈 달력, 생활비 달력, 약 복용 달력 등 포켓 캘린더의 용도와 사용 시 장점에 대해 이야기 나눈다.
6. 활동방법 4에서 작업한 색종이를 포켓 캘린더 일자별로 한 장씩 말아 끼워 놓는다.
7. 포켓 캘린더에서 색종이를 매일 한 장씩 꺼내 거기에 적힌 대로 그날의 행동강령을 읽고

실천하거나, 구호를 외쳐 자신을 격려하거나, 자신의 이야기를 들어 줄 사람을 만나는 등 자신의 목표 달성을 위해 노력하도록 이야기 나눈다.

8. 활동 후 느낀 점에 대해서 이야기 나눈다.

Tip

내담자가 한 달 달력을 부담스러워하면 일주일 달력으로도 작업이 가능하다.

사례 1

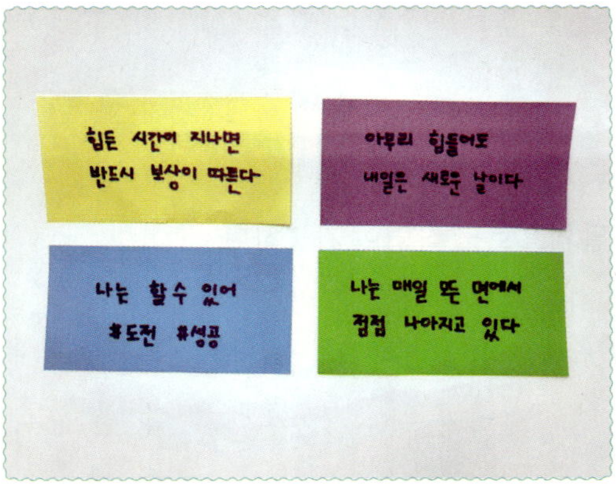

위로와 격려의 메시지

메시지를 말아 끼운 한 달 달력

40대 주부, 여성

자신은 누구보다 세상을 열심히 산다고 자부하고 살았는데 최근 들어 모든 게 허무하고 다른 사람을 챙기는 것도 오지랖을 부리는 것만 같아 매사에 의욕이 없어졌다. 다시 열심히 살고 싶은데 마음이 자꾸 가라앉기만 해서 힘이 들었다. 그런데 이 작업을 하다 보니 '말은 정말 힘이 세다.'라는 것을 다시 한번 깨닫게 되었다고 하였다.

자신에게 스스로가 들려주는 매일의 위로와 격려의 메시지는 다시 열심히 세상을 살아갈 수 있는 힘이 될 것 같아 아주 즐거운 작업 시간이었다고 하였다.

사례 2

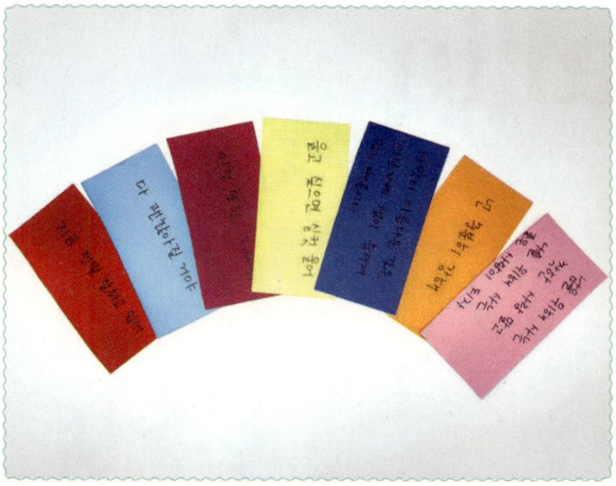

자신에게 전하는 메시지

메시지를 말아 끼운 일주일 달력

대학교 3학년, 여학생

감정을 잘 표현하지 못하고 꾹꾹 눌러 놓아 쌓인 감정이 한 번씩 북받쳐 올라올 때는 공부도 못 하겠고 친구도 만나기 싫어 힘들다. 그래서 평소에 자신이 느끼는 감정을 잘 표현하고 싶다는 목표를 세웠다. 그러나 일주일 달력을 무슨 말로 어떻게 채울지 부담스러웠는데 자신에게 힘을 줄 수 있는 말들을 한 장씩 적다 보니 어느새 일곱 장이 다 완성되었다고 하였다.

지친 날 수고한 자신에게 위로의 말을 건네기 위해 한 장을 꺼내 보아도 좋을 것 같고, 하루를 시작하는 아침 시간에 오늘의 운세를 보듯 한 장씩 뽑아 읽어도 재미있을 것 같다. 자신에게 스스로가 힘내라고 응원하고 격려한다는 것이 신선하고 좋았다고 하였다.

4주

Scenario

각본

매체: 클래퍼보드

매체: 클래퍼보드

클래퍼보드(clapperboard)는 영화를 촬영할 때 사용하는 도구로 슬레이트(slate), 사운드 마커(sound marker)라고도 한다. 프로덕션 넘버, 영화감독, 촬영감독, 날짜, 테이크 넘버 등 촬영 정보를 적어 카메라 앞에서 보여 주며, 위에 달린 막대를 내리쳐서 "딱!" 소리를 내어 촬영 시작 신호로 쓰이고, 편집 시 이미지와 사운드를 맞추는 수단으로 사용되는 촬영도구다.

매체 활용 이유

우리는 누구나 자기 인생의 이야기를 만들며 살아가는데, 심리상담 및 치료 이론인 교류분석에서는 이를 인생각본이라고 한다.

자신을 제대로 알지 못하면 어린 시절에 만든 각본을 현재의 문제에도 그대로 적용하게 된다. 치료과정을 통해 지금-여기 자신에게 맞는 인생각본을 다시 쓴다면 긍정적이고 있는 그대로의 자신으로 살아갈 수 있게 된다.

이때 클래퍼보드는 새로운 각본의 시작을 알리는 상징으로 미술치료에 활용할 수 있는 의미 있는 매체다.

Scenario

목표

1. 자신의 인생각본을 분석할 수 있다.
2. 인생각본에서 수정하고 싶은 것이 있다면 어떤 재결단을 해야 하는지 알 수 있다.

준비물

클래퍼보드, 보드마카, 색연필, 잡지, 가위, 풀 또는 접착 테이프

활동방법

1. 심리상담 및 치료 이론인 교류분석의 인생각본에 대해 설명한다.

   설명 인생각본은 자신의 인생계획이며, 어린 시절에 작성되어 이미 정해진 결말을 향해 전개되고 부모에 의해 강화되지만, 자신의 선택이고 선택은 바꿀 수 있다.

2. 자신의 인생각본을 생각해 보며 현재 인생각본에서 불편하거나 바꾸고 싶은 부분을 살펴보며 분석한다.
3. 불편하거나 바꾸고 싶은 부분을 바꾸어 인생의 영역에서 실현되기 바라는 꿈을 간단한 이야기로 만들고 재결단한 인생각본을 이야기 나눈다.

   예 가족, 관계, 학업이나 직장, 재충전 활동, 건강 등

4. 자신의 새로운 인생각본에 제목을 붙인다.
5. 클래퍼보드의 앞면에 새로운 각본에 맞추어 제목을 적고, 프로덕션 넘버, 영화감독, 촬영감독, 날짜, 테이크 넘버 등을 작성한다.
6. 클래퍼보드의 뒷면에 새로운 각본이 이루어졌을 때의 모습을 그림으로 그리거나 잡지에서 찾아 붙인다(여러 장면을 그려 보고자 한다면 필름 프레임을 넣은 종이를 활용해도 좋다).
7. 완성된 장면을 보며 이 장면을 이루기 위해 자신이 해야 할 일은 무엇인지 이야기 나눈다.
8. 활동 후 느낀 점에 대해서 이야기 나눈다.

사례 1

새로운 각본: travel

새로운 각본 장면

대학교 1학년, 남학생

교통사고 후유증으로 편마비를 가지게 되면서 인생이 끝났다는 생각이 들어 무기력하고 자살 생각까지 하게 되었다고 하였다.

패배적인 현재의 각본을 버리고, 꿈같은 일이지만 사람들과 함께 어울려 대화를 나누고, 여행 가서 좋은 추억을 사진으로 남기는 이야기로 새로운 각본을 만들고 싶다. 새로운 각본의 제목은 'travel'이다. 30대에는 이룰 수 있기를 바라며 30롤로 작성했고 첫 장면이 등산로 입구에서 기념 촬영하는 모습이라고 하였다.

지금 해야 할 일은 좌절하지 않고 긍정적인 마음을 가지고 재활치료에 전념하는 것이라고 하였다.

7월

사례 2

새로운 각본: Balance

새로운 각본 장면

30대 직장인, 여성

이왕이면 잘하는 게 좋다는 생각으로 시간에 쫓기며 일 중독자처럼 사는 현재의 각본을 버리고 싶다. 재빠르게 돌아가던 시계가 퇴근을 하면 색깔이 바뀌어 느리고 부드럽게 움직인다. 커피가 아닌 꽃차를 마시고 느긋하게 식물을 바라보며 마음을 비우는 이야기를 만들었다. 일과 휴식이 균형 잡힌 삶을 살고 싶어 새로운 각본의 제목은 'Balance'로 정했다. 새 필름을 넣고 다르게 살고 싶어 두 번째 롤이고, 첫 장면은 휴식의 시간과 일의 시간을 정해 놓고 사는 삶으로 잡지 콜라주로 표현하였다.

일을 제대로 하면서도 건강을 위해 휴식하며 균형을 잡기 위해 지금 해야 할 일은 휴식 시간을 넣은 새로운 일정표를 계획하는 것이라고 하였다.

1주 Scrapbook-스크랩북

2주 Care-돌봄

3주 Feeding-피딩

4주 Blessing message
-축복 메시지

돌보다

돌봄 욕구를 알고 힘을 내어
긍정에너지로 자신을 돌보아요.

1주

Scrapbook

스크랩북

매체: 스크랩북

매체: 스크랩북

스크랩북(scrapbook)은 필요한 자료만 모아 나중에 쉽게 찾아보기 위해 신문이나 잡지 등에서 사진이나 글을 오려 책처럼 만든 것이다.

매체 활용 이유

어린 시절 돌봄 받지 못했던 기억은 성인이 되어서도 삶 전반에 영향을 미친다. 어린 시절부터 현재까지 돌봄 받지 못했던 경험이나 기억을 성장 시간에 따라 스크랩북에 적거나 그림을 그리거나 콜라주 작업으로 표현함으로써 과거에 돌봄 받지 못했던 경험이 지금 어떤 영향을 미치는지 탐색하고, 스스로 자신을 돌볼 수 있도록 도울 수 있기에 스크랩북은 미술치료에 활용할 수 있는 의미 있는 매체다.

Scrapbook

목표

1. 어린 시절부터 지금까지 자신의 성장 과정을 좀 더 깊이 이해할 수 있다.
2. 과거에 돌봄 받지 못했던 경험이 현재 자신에게 어떤 영향을 미치는지 탐색하여 스스로 자신을 돌볼 수 있다.

준비물

스크랩북, 어린 시절부터 최근까지 자신의 사진, 나의 이마고 찾기 활동지, 잡지, 포스트잇, 네임펜, 가위, 풀

활동방법

1. 자신의 어린 시절부터 최근까지의 사진을 보며 자신의 성장과정을 살펴본다.
2. 치료사는 이마고에 대해 설명한다(참고 1: p. 226, 이마고).
3. 나의 이마고 찾기 활동지를 보며 어린 시절부터 현재까지 돌봄을 받지 못했던 시기가 있었다면 언제인지 탐색한다(참고 2: p. 227, 나의 이마고 찾기 활동지).
4. 활동방법 3에서 돌봄을 받고 싶었으나 받지 못했던 시기나 경험 또는 그 당시 받고 싶었던 돌봄을 탐색하여 잡지에서 사진이나 글을 찾아 스크랩북에 붙이고 꾸민다.

   예 ① 초등학교 입학 전: 엄마와 함께 즐겁게 놀고 싶었다.

   ② 초등학교 1학년 때: 어린이날에 마론인형을 선물 받고 싶었다.

   ③ 중학교 2학년 때: 스킨, 로션 등 예쁜 화장품을 받고 싶었다.
5. 돌봄을 받지 못한 경험이 현재의 자신에게 어떤 영향을 미치는지 탐색한다.
6. 돌봄을 받지 못했던 시기의 자신에게 하고 싶은 말들을 포스트잇에 적어 스크랩북에 붙인다.
7. 자신이 만든 스크랩북을 보면서 어떤 느낌이 드는지, 더 추가할 부분은 없는지 이야기 나

눈다.

8. 활동 후 느낀 점에 대해서 이야기 나눈다.

참고 1*

이마고

이마고는 라틴어 어원으로 '이미지(image)'를 의미하는 용어다. 어린 시절의 다양한 경험을 통해 보호자에 대한 긍정적 혹은 부정적인 이미지, 곧 이마고(imago)가 형성된다. 어린 시절에 경험한 상처가 치유되지 않으면 어릴 때 형성된 부정적인 이마고가 성인이 되었을 때 관계에서 문제를 악화시키는 원인이 된다. 이마고는 무의식적으로 작동하고, 원하는 것이 이루어지지 않을 때 좌절감을 느끼게 한다. 어린 시절 이마고를 찾아 치유와 회복에 대한 무의식의 욕구를 채우는 과정으로 재구성하는 시각을 가짐으로써 치료의 과정에 참여하도록 도울 수 있다.

* 참고 1의 내용은 김춘경 외(2016)에서 수정 발췌함

참고 2

● 나의 이마고 찾기 활동지

시기	중요한 타인의 긍정적인 특성	중요한 타인의 부정적인 특성	가장 필요로 했지만 받지 못했던 것	반복적으로 느꼈던 부정적인 감정
초등학교 입학 전				
학창 시절 (초, 중, 고)				
현재				

사례 1

초등 고학년 시절

중학생 시절

현재와 미래의 모습

고등학교 2학년, 여학생

자신의 성장 사진을 보면서 부모님의 사랑을 많이 받고 자랐음을 느끼게 되었다. 부모님은 어린 시절 사진을 모아 1년에 한 권씩 앨범을 만들어 주었다. 크게 돌봄을 받지 못한 경험은 없지만 초등학교 고학년이 되면서 부모님이 맞벌이를 하게 되어 자신에게 관심이 덜해진 것 같아 섭섭함을 느꼈다. 어렸을 때부터 실바니안 인형 시리즈를 쭉 모으고 있었는데 고학년이 되면서 사달라고 하지 못하던 찰나 사촌형부가 실바니안 시리즈를 사 주었다. 그런데 엄마가 "아직도 이걸 가지고 있니?"라고 이야기해서 섭섭했다고 하였다.

중학생이 되면서 학업에 관심이 더 많아졌지만 성적이 오르지 않아 너무 답답할 마음에 다니고 싶은 학원이 있다고 엄마에게 이야기를 했는데, 학원비가 너무 비싸서 안 된다고 했었다. 수학 성적이 노력한 만큼 오르지 않아 그 당시 많이 힘들었다고 하였다.

현재는 서울에 있는 대학 진학을 목표로 공부하고 있는데, 진짜 공부를 잘했던 언니도 원하는 대학에 가지 못한 것을 보고 자신도 그렇게 될까 걱정이 된다. 자신이 원하는 대학에 갈 수 있도록 엄마가 옆에서 많이 돌봐 주면 좋겠다. 원하는 대학에 가면 더 열심히 공부하여 멋진 대학생이 되고 싶다고 하였다.

사례 2

표지: 행복은 마음속에 있는 것

어린 시절

청소년 시절

결혼 후

현재와 미래의 모습

40대 주부, 여성

사진을 통해 어린 시절부터 현재까지의 자신을 살펴보며 어린 시절 섬세한 돌봄을 받지 못한 경험이 현재의 대인관계에서 불편한 상황이 생길 때 상대방에게 표현하지 않고 참게 만든다고 하였다.

어린 시절 오빠가 자신의 간식까지 다 먹어도 엄마는 오빠를 혼내지 않고 "네가 빨리 먹었어야지."라며 자신의 탓을 했다. 엄마가 오빠에게 "'이건 ○○ 거니까 손대지 마.'라고 말해 주었으면 좋았겠다. 그렇지?"라고 포스트잇에 적었다.

유아교육과에 가고 싶었는데 엄마가 컴퓨터 관련 학과로 가라고 해서 속상했다. 그때의 자신에게 '괜찮아. 네가 하고 싶은 것을 해 봐.'라고 격려와 응원을 해 주고 싶다고 하였다.

결혼 후 임신을 했을 때 시아버지가 시댁의 문화를 강요하여 많이 힘들었다. 남편이 그때 많이 속상하고 힘들었겠다며 자신의 마음을 읽어 주기를 바랐는데 아버지 스타일이니 그냥 이해하라고만 하여 속상했다고 하였다.

힘들었지만 지금은 남편이 많이 바뀌어 남편과 이야기를 하면 내담자의 마음을 많이 읽어 주니 다행이고 고맙다고 포스트잇에 적었다.

스크랩북의 마지막 장에는 행복해질 수 있는 방법과 행복한 표정을 담았고 앞으로는 과거보다 미래에 더 초점을 맞추고 싶다고 하였다.

2주

Care

돌봄

매체: 밥상보

매체: 밥상보

밥상보는 음식이 차려진 상을 덮는 보자기다. 여름용 밥상보는 통풍이 잘 되도록 사지나 모시로 만들어 꼭지를 붙여 밥상에 덮어 파리나 먼지 등을 막았고, 겨울용은 두꺼운 천을 겹보로 하거나 천 사이에 솜을 두어 보온에 유의하였다.

매체 활용 이유

차려 놓은 음식에 밥상보를 덮으면 먼지나 파리 등 부정적인 것을 피할 수 있고 통풍이나 보온이 되어 음식의 맛을 유지할 수 있다. 이처럼 정갈하고 정성스럽게 차린 음식을 밥상보로 덮어 두면 밥상을 받는 사람이 챙김 받고 돌봄 받는 느낌을 강하게 받을 수 있다.

밥상보는 천으로 만들어져 그림을 그릴 수 있고, 돌봄의 의미로 미술치료에 활용할 수 있는 의미 있는 매체다.

Care

목표

1. 자신의 돌봄 목록을 찾을 수 있다.
2. 돌봄 받고 싶은 대상에게 자신의 돌봄 욕구를 표현할 수 있다.

준비물

밥상보, 패브릭 마커

활동방법

1. 살아오면서 받았던 돌봄 중 가장 따뜻했던 돌봄을 생각해 본다(참고 1: p. 235, 이마고 돌봄 목록).
2. 현재 자신을 돌봐 주는 사람들은 누가 있는지 이야기 나눈다.
3. 자신이 돌봄 받고 싶은 대상이 누구인지 찾아본다.
4. 자신에게 필요한 돌봄 목록을 만들어서 돌봄을 받을 수 있는 방법을 생각해 본다(참고 2: p. 236, 돌봄 목록 예시).
5. 자신에게 필요한 돌봄을 밥상보에 사물이나 기호 등 상징적으로 그린다.
6. 자신이 돌봄을 받고 싶은 대상에게 돌봄 욕구를 표현하는 연습을 한 후 실제로 표현해 보도록 과제를 제시한다.
7. 어떤 상황에서 밥상보를 사용하면 자신을 보살피는 데 도움이 될지 생각해 본다.
8. 활동 후 느낀 점에 대해서 이야기 나눈다.

참고 1*

이마고 돌봄 목록

- 내 커피잔이 비어서 당신이 커피를 채워 줄 때
- 신문의 1면을 내가 먼저 읽도록 당신이 배려해 줄 때
- 당신이 집을 나서기 전에 내게 다가와 키스를 해 줄 때
- 당신이 직장에서 일을 하는 동안에, 그냥 나와 이야기가 하고 싶어 내게 전화했을 때
- 당신에게 일어났던 중요한 일들을 내게 설명해 줄 때
- 당신이 내 등을 마사지해 줄 때
- 당신이 내게 사랑한다고 말할 때
- 쇼핑하러 가서 내가 뭔가 갖고 싶은 게 있는지 당신이 내게 물어봐 줄 때
- 당신이 나를 위해 깜짝 선물을 준비해 주었을 때
- TV를 함께 보면서 당신이 내 옆에 가까이 다가와 앉을 때
- 내가 속상해하고 있을 때, 당신이 내 이야기에 귀를 기울여 줄 때
- 당신이 계획을 짜기 전에 내 의견을 먼저 물어봐 줄 때
- 당신이 나와 함께 기도해 주거나 나를 위해 기도해 줄 때
- 당신이 일요일 저녁에 특별한 요리를 준비해 주었을 때
- 당신이 나의 외모에 대해서 칭찬해 줄 때

* 참고 1의 내용은 Luquet(1996)에서 수정 발췌함

참고 2

돌봄 목록 예시

• 아이의 예:

① 엄마가 하루 3번 안아 주세요.

② 엄마가 눈 마주칠 때마다 사랑한다고 이야기해 주세요.

• 학생의 예:

① 내가 속상해하고 있을 때, 선생님께서 나의 이야기를 자세히 들어 주세요.

② 선생님께서 나에 대해서 칭찬해 주세요.

• 직장인의 예:

① 상사가 업무 계획을 짜기 전에 내 의견을 물어봐 줘요.

② 내가 실수했을 때 상사가 격려해 줘요.

• 아내의 예:

① 남편이 우리의 기념일을 기억하고 함께 시간을 가져요.

② 남편이 내가 필요한 것이 무엇인지 물어봐 줘요.

• 남편의 예:

① 내가 출근할 때 아내가 나를 위해 포옹해 줘요.

② 아내가 내 어깨를 마사지해 줘요.

사례 1

혼자만의 시간

필요한 돌봄을 그린 밥상보

중학교 2학년, 남학생

가장 따뜻했던 돌봄은 자신이 친구와 관계에서 문제가 있을 때 부모님이 나서서 해결해 주시려고 했던 것이라고 하였다.

돌봄을 받고 싶은 대상은 부모님이고 필요한 돌봄은 부모님이 해 주는 요리, 무언가를 시도할 때 응원, 무슨 일이 있어서 힘들고 울 때 해결할 수 있도록 도와주고 조언해 주는 것이다. 그리고 사고 싶은 것이 있을 때 살 수 있는 용돈, 혼자만의 시간이 필요할 때는 자신만의 공간에 있을 수 있도록 기다려 주기다.

자신에게 필요한 돌봄 목록을 만들면서 열쇠를 푸는 느낌, 퍼즐을 맞춘 느낌이 든다고 하였다. 돌봄 욕구를 표현하는 것이 지금은 많이 어색하지만 매일 연습을 해 봐야겠다고 하였다.

사례 2

가족과 함께 행복한 시간

필요한 돌봄을 그린 밥상보

40대 직장인, 남성

가장 따뜻했던 돌봄은 직장일 때문에 힘이 들 때 아내가 따뜻하게 말해 주고 위로해 준 것이다. 돌봄을 받고 싶은 대상은 아내이고, 자신이 필요한 돌봄은 가족과 함께 행복한 시간을 보내는 것이다. 자신이 좋아하는 음식들과 정성스럽게 부쳐진 달걀말이를 보면 어머니의 도시락이 생각나서 따뜻하다. 퇴근 후 안마의자에서 쉬는 시간을 갖는 것도 자신을 위한 돌봄이라고 하였다.

돌봄 욕구를 표현하는 연습을 하면서 아내가 바쁠 때는 안 되겠지만 가능한 한 들어줬으면 좋겠다고 하면서 너무 힘든 하루를 보낸 날 퇴근할 때는 아내에게 '따뜻한 말 부탁해.'라고 문자를 보내겠다고 하였다.

3주

Feeding

피딩

매체: 즉석밥

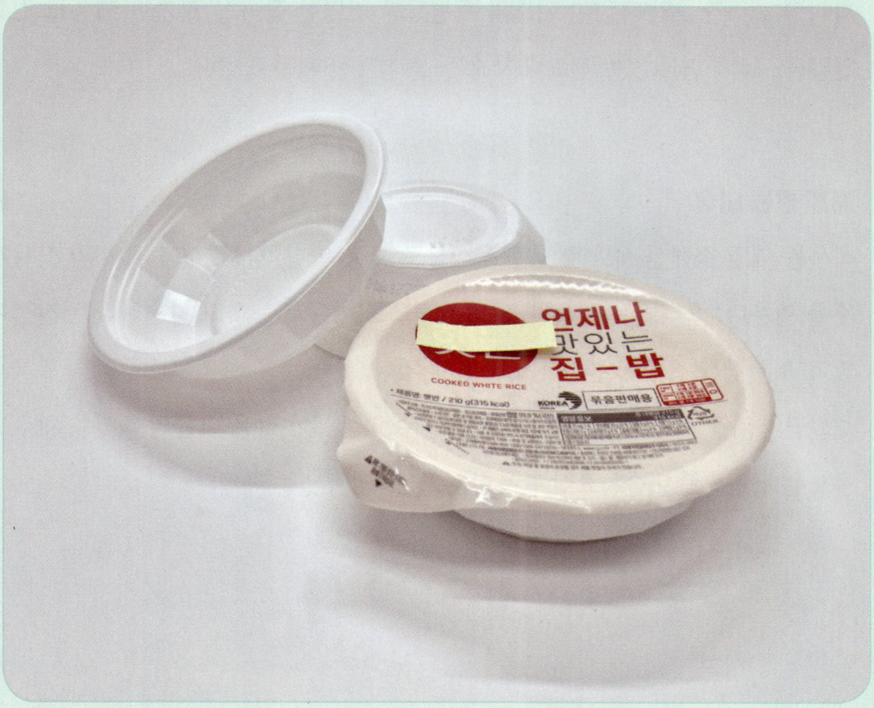

매체: 즉석밥

즉석밥은 가열 등의 조리 과정을 거쳐 편리하게 섭취할 수 있도록 조리 · 가공된 밥이다. 비상식량의 개념에서 최근에는 평상시 즐겨 먹는 일상식과 건강식으로 진화하여 소비자들의 다양한 기호와 트렌드를 반영한 잡곡을 추가한 제품도 있고 건강을 고려하여 유기농 재료나 채소 등을 첨가한 제품도 있다.

매체 활용 이유

식사는 매일 정해진 시간에 먹는 음식으로 보통 아침, 점심, 저녁 세 끼의 식사가 주를 이룬다. 즉석밥은 필요한 때 즉각적으로 이용 가능하고 간편하다는 장점이 있어 바쁜 생활 속에서 편리하게 먹을 수 있다.

보살핌의 가장 기본인 한 끼의 식사가 될 수 있는 즉석밥은 마음의 허기를 채우고 돌보는 상징으로 미술치료에 활용할 수 있는 의미 있는 매체다.

Feeding

목표

1. 신체적, 정서적, 관계적 부분에서 어려움을 경험할 때 자신을 돌보아 힘을 내도록 할 수 있는 것에는 무엇이 있는지 탐색할 수 있다.
2. 신체적, 정서적, 관계적 부분에서 어려움을 경험할 때 자신을 돌보아 힘을 내도록 하는 것을 실제로 적용할 수 있다.

준비물

즉석밥 그릇 3개, 즉석밥 뚜껑 크기의 동그란 종이 3장, 잡지, 사인펜 또는 색연필, 가위

활동방법

1. 자신을 돌아보며 스스로 얼마나 챙기고 있는지 생각해 보고, 어떻게 정성스럽게 돌봐 주었는지 자신을 돌본 경험에 대해 이야기 나눈다.
2. 신체적으로 에너지가 소진되거나 어려움을 경험할 때 자신을 돌보아 힘을 내도록 하는 음식을 잡지에서 찾아 첫 번째 즉석밥 그릇에 담는다.
3. 정서적으로 고갈되었거나 상처로 힘들 때 자신을 돌보아 힘을 내도록 하기 위해 필요한 것을 잡지에서 찾아 두 번째 즉석밥 그릇에 담는다.

   예 휴식, 여행, 공감해 줄 사람 등
4. 타인과의 관계에서 힘들거나 상심을 느낄 때 자신을 돌보아 힘을 내도록 하기 위해 필요한 것을 잡지에서 찾아 세 번째 즉석밥 그릇에 담는다.

   예 명상, 나만의 시간, 대화의 기술 등
5. 각 즉석밥 그릇에 담긴 의미를 가장 잘 표현할 수 있는 이름을 붙인 후 즉석밥 뚜껑 크기의 동그란 종이에 그림을 그려 뚜껑으로 만들고 각 즉석밥 그릇을 덮는다.

6. 언제 어떤 그릇을 사용할 것 같은지, 가장 자주 사용한 그릇은 무엇인지 등에 대해 이야기 나눈다.
7. 활동 후 느낀 점에 대해서 이야기 나눈다.

사례 1

힘을 내도록 하는 것

신체: 엄마의 따뜻한 보살핌

정서: 원더우먼(I Can Do It!)

관계: 나를 지켜 주는 우산

고등학교 2학년, 여학생

자신을 돌보아 힘을 내도록 하는 음식으로 삼계탕, 엄마의 집밥, 전복, 케이크, 소고기를 담았다. 이는 엄마의 따뜻한 보살핌이라고 하였다.

정서적 고갈 또는 상처로 힘들 때 도움이 되는 것으로는 달리기, 여행, 청소하는 모습, 커피, 낮잠 자는 모습, 헤드폰(음악)을 담았다. 한 단어로 떠올리면 원더우먼 'I Can Do It!'이 될 것 같다고 하였다.

타인과의 관계에서 힘들거나 상심을 느낄 때 도움이 되는 것으로는 가족, 남자 친구, 늘 내 편이 되어 주는 친구, '그럴 수도 있지' 하는 넓은 마음을 찾아 담았다. 뚜껑에 자신을 지켜 주는 우산을 그리고, 속상할 때마다 비를 피하듯 사용할 것 같고 마음이 어려울 때 피할 사람들이 있어 든든하다고 하였다.

사례 2

힘을 내도록 하는 것

신체: 든든한 사랑

정서: 힐링 포인트

관계: 존재 그 자체

40대 직장인, 여성

어린 시절 아빠가 퇴근해서 집에 올 때까지 집 앞에서 기다렸다가 아빠와 함께 손을 잡고 시장에 갔던 기억이 있다. 그래서 소고기와 과일은 그냥 음식이 아닌 부모님의 사랑이라고 생각한다고 하였다.

정서적 고갈 및 상처로 힘들 때 나무를 보고 꽃을 보면 힘이 나고 귀금속을 잘 착용하지는 않지만 반짝거리는 목걸이와 반지를 보면 기분이 좋아진다고 하였다.

타인과의 관계에서 힘들거나 상심을 느낄 때 힘을 내도록 하는 것은 자신의 가족이라고 하였다. 남편과 아이가 행복한 표정을 짓는 모습을 보면 자신도 흐뭇해진다고 하였다. 마음이 힘들거나 공허한 느낌이 들 때 사용할 것 같다고 하였다.

4주

Blessing message

축복 메시지

매체: 스크래치 스티커

매체: 스크래치 스티커

스크래치 스티커(scratch sticker)는 투명 스티커 위에 스크래치 액이 도포되어 있는 것으로, 경품 추첨이나 즉석 복권에 사용되며 동전으로 긁으면 벗겨진다.

매체 활용 이유

스크래치 스티커가 사용된 것으로는 즉석 복권이나 경품 추첨권이 있다. 스크래치 스티커 아래에 긍정의 메시지를 적어서 휴대하기 좋은 크기로 가지고 다닐 수 있다. 그래서 스크래치 스티커는 부정적 사고의 전환이 필요할 때마다 긁어 봄으로써 긍정적 에너지를 얻을 수 있어 미술치료에 활용할 수 있는 의미 있는 매체다.

Blessing message

목표

1. 자신에게 긍정의 에너지가 필요한 때를 탐색할 수 있다.
2. 부정적 감정과 사고의 전환이 필요할 때마다 긍정 에너지를 얻을 수 있다.

준비물

스크래치 스티커, 동전, 색지, 종이, 색연필, 사인펜, 가위

활동방법

1. 스크래치 스티커를 준비하여 동전으로 긁어 보며 매체를 탐색한다. 경품 추첨권, 즉석 복권이나 로또를 구입했던 경험을 이야기 나눈다.
2. 복권에 당첨되는 확률은 아주 낮지만, 복권을 구입하는 그 순간 잠시나마 즐거움과 기대감을 가지게 된다. 복권을 사고 추첨하는 날을 기다리는 동안 기대감으로 즐거움을 느끼는 것과 같은 긍정의 에너지가 필요할 때는 언제인지 이야기 나눈다.

   예 실수하거나 실패했을 때, 속상할 때 등
3. 자신에게 긍정의 에너지를 주는 말을 생각하여 종이에 여러 개 적는다.

   예 힘이 되는 말, 들었을 때 기분 좋았던 말, 자신감을 주는 말 등
4. 자신만의 복권을 만들기 위해 색지를 휴대하기 좋은 크기로 자른다.
5. 복권의 이름을 정해 색지 상단에 쓰고, 아래에는 자신에게 긍정의 에너지를 주는 말을 사인펜으로 쓰고 색연필로 색칠하여 꾸민다.
6. 자신에게 긍정의 에너지를 주는 말이 가려질 크기로 스크래치 스티커를 잘라 색지에 붙인다.
7. 활동방법 4~6을 반복하여 자신에게 긍정의 에너지를 주는 말을 적은 복권을 여러 장 만든다.

8. 복권 여러 장 중 하나를 선택하여 긁어서 메시지를 읽어 본다.
9. 부정적 감정과 사고의 전환이 필요할 때 복권의 메시지를 읽으면 어떤 변화를 느낄 수 있을 것 같은지 이야기 나눈다.
10. 이 복권을 만약 다른 사람에게 선물한다면 누구에게 주고 싶은지 이야기 나눈다.
11. 활동 후 느낀 점에 대해서 이야기 나눈다.

사례 1

엄마가 최고야

그럼에도 불구하고

30대 직장인, 여성

치료사와 나눈 대화에서 "말에는 힘이 있다."라는 말이 생각나 복권 종이 위에 말의 힘이라는 글을 영문으로 적었다. 직장을 다니며 자녀를 돌보는 워킹맘으로 아들이 아침에 유치원에 가면서 "엄마가 최고야!"라고 말해 주면 피로가 싹 풀리는 기분이 들고, 이 말을 늘 가지고 다니며 힘들 때 본다면 힘이 날 것 같다고 하였다. 남편에게도 이 말이 적힌 복권을 한 장 주고 싶다고 하였다. 다음으로 "그럼에도 불구하고"라는 말을 적었다. 현실이 힘들고 여러 한계를 만나지만, 그럼에도 불구하고 이겨 내고 견딘 시간이 있음을 기억한다고 하며 이 말을 되뇌면 힘이 날 것 같다고 하였다.

사례 2

생각한 대로 이루어진다.

이 또한 지나가리라.

고등학교 3학년, 여학생

스크래치 스티커를 보자 흥미를 보이며 평소 좋아하는 명언을 적어 보고 싶다고 하였다. "생각한 대로 이루어진다."라는 긍정적인 생각이 긍정적인 결과를 준다고 하신 엄마의 말이 떠올라 적었다. 그리고 긍정하면 행운이 생각나 네잎 클로버를 그려서 복권을 꾸몄다. 다음으로 "이 또한 지나가리라."라고 적고 고3 생활도 언젠가는 끝이 날 것이라는 생각으로 적었다고 하였다.

입시 중압감에 짜증이 많이 나고 우울한 생각을 많이 하였는데 복권을 만들면서 기분 전환이 되었고, 적은 명언들을 떠올리며 힘을 얻었다고 하였다. 자신이 만든 복권을 자신과 같은 스트레스를 받고 있는 친구에게도 선물하고 싶다고 하였다.

9월

1주 Patch-패치

2주 Sweet memory case
-좋은 기억 보관함

3주 Energy-에너지

4주 Medicine-약

치유하다

자신을 고통스럽게 만드는 것과 직면하여
에너지 얻는 방법을 찾고 좋은 기억으로 치유해요.

1주

Patch

패치

매체: 파스

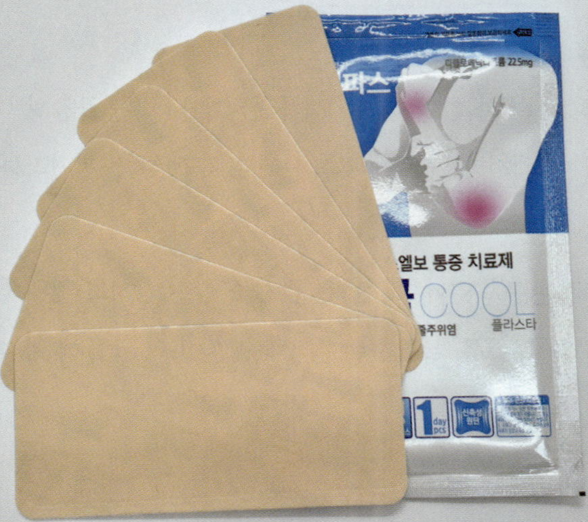

매체: 파스

파스는 삠, 타박상, 근육통, 관절통 등에 쓰이는 소염진통제이다. 피부에 붙이는 외용제로 통증이 느껴지는 부위에 하루에 1~2회 붙이면 그 부위의 고통을 경감시켜 준다.

매체 활용 이유

파스는 약국에서 빈번하게 판매되는 제품군의 하나로 구입이 손쉬우며 휴대하기 쉽고 사용이 간편하다. 파스는 사용 후 쉽게 제거할 수 있어 편리하고 지속적인 통증 관리에 도움을 준다.

파스는 고통스러운 경험이나 어려워진 관계로 인한 상처로 힘이 들 때 아픔을 느끼는 부위에 붙여 통증을 완화하는 상징적인 작업이 가능해 미술치료에 활용할 수 있는 의미 있는 매체다.

Patch

목표

1. 상황, 대인관계, 내면의 문제 등 자신을 고통스럽게 만드는 어려움이 무엇인지 직면할 수 있다.
2. 자신을 고통스럽게 만드는 어려움을 해결하기 위한 방법과 자신의 심리적 아픔을 완화시킬 수 있는 방법을 탐색하여 적용할 수 있다.

준비물

파스, 사람 도안, 유성 매직

활동방법

1. 자신이 처한 상황, 대인관계, 내면의 문제 등 자신을 고통스럽게 만드는 어려움이 무엇인지 탐색한다.
2. 사람 도안을 살펴본 후 자신의 모습으로 꾸민다(자신의 모습으로 꾸미는 과정 없이 도안을 그대로 사용해도 되고, 도안을 사용하지 않고 직접 자신의 모습을 그리거나 꾸며도 된다. 도안: p. 257, 사람 도안).
3. 활동방법 2에서 그린 자신의 모습을 보며 활동방법 1에서 탐색한 현재 자신을 가장 고통스럽게 만드는 어려움이 신체의 어느 부위와 가장 크게 관련되어 있는지 생각한다.
4. 활동방법 2에서 그린 자신의 모습에 현재 자신을 가장 고통스럽게 만드는 어려움으로 인한 통증이 가장 심한 부위를 유성 매직으로 원을 그려 표시한다.
5. 고통스럽게 만드는 어려움을 해결하기 위한 방법 또는 자신의 심리적 아픔을 완화시킬 수 있는 방법을 파스 직포 위에 유성 매직으로 상징이나, 기호, 문자 등으로 그린다.
6. 자신의 모습에 원을 그려 표시한 가장 통증이 심한 부위에 활동방법 5에서 작업한 파스를 붙인다.

7. 자신의 모습에 붙인 치료용 파스를 보며 쉽고 간편하게 휴대하여 떼었다 붙일 수 있는 파스처럼 현재 고통을 느끼게 만드는 어려움 역시 완화나 해결이 가능함을 직관한다.
8. 일상 상황에서 대인관계, 내면의 문제 등 자신을 고통스럽게 만드는 어려움이 발생하였을 때 아픔이나 고통 완화 및 해결을 위한 방법들을 적극적으로 탐색하여 적용한다.
9. 활동 후 느낀 점에 대해서 이야기 나눈다.

도안

● 사람 도안(복사해서 사용할 수 있어요)

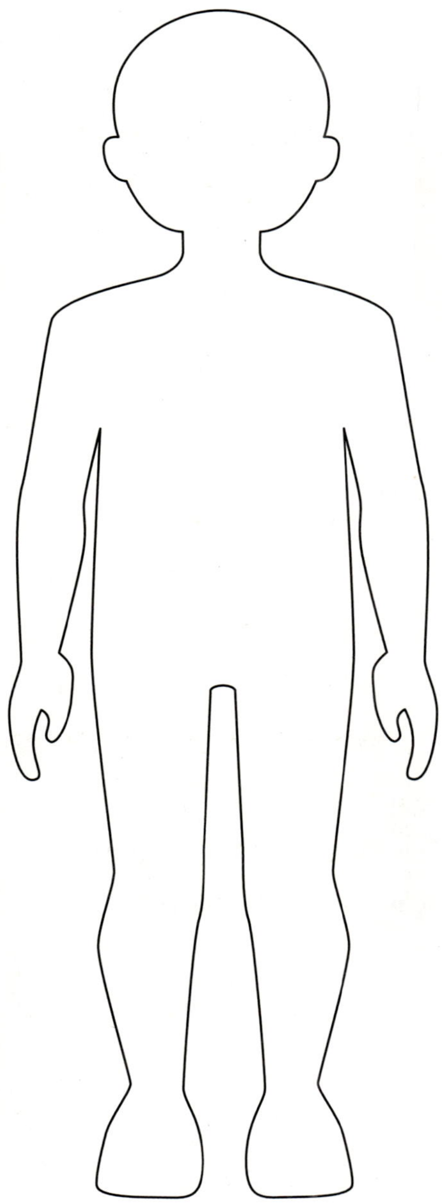

과정

과정 1. 자신의 모습으로 그리거나 꾸미기

과정 2. 통증이 심한 부위 표시하기

과정 3. 파스에 통증 완화 방법 그리기

과정 4. 통증 부위에 완화 방법 붙이기

사례 1

통증 완화 방법

통증 부위에 파스 붙이기

30대 직장인, 여성

최근 자신을 가장 힘들게 하는 일은 직장에서 잔업이 많아 쉴 수 있는 시간이 너무 부족하다는 것이다. 일 때문에 피곤한 것도 힘든데 여가 시간이 없어 에너지를 다시 충전시킬 수 있는 기회가 없는 것이 너무 힘들어 다리에 통증 부위를 표시하였다.

지금 자신의 통증을 완화시킬 수 있는 방법은 혼자 한적한 야외에 드라이브를 가서 힐링하는 것이라며 파스에 나무와 자동차를 그렸다.

자신의 모습에 통증 완화 방법을 그린 파스를 붙이며 아무리 바쁘고 피곤해도 이번 주말에는 꼭 자신이 그린 그림처럼 드라이브를 다녀와야겠다며 오랜만의 나들이가 기대된다고 하였다.

사례 2

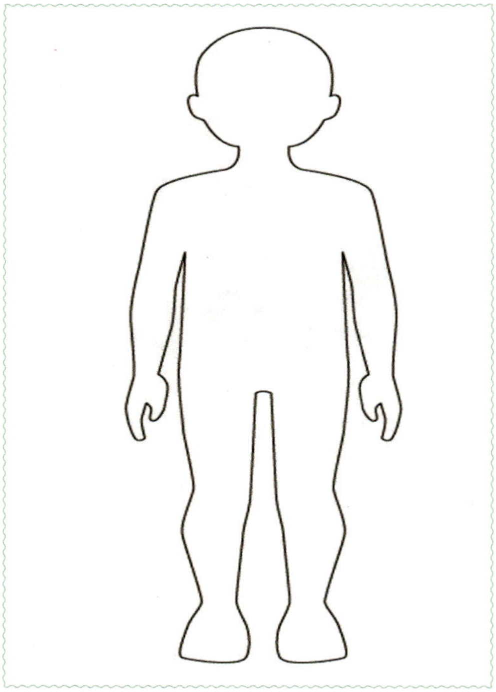

사람 도안

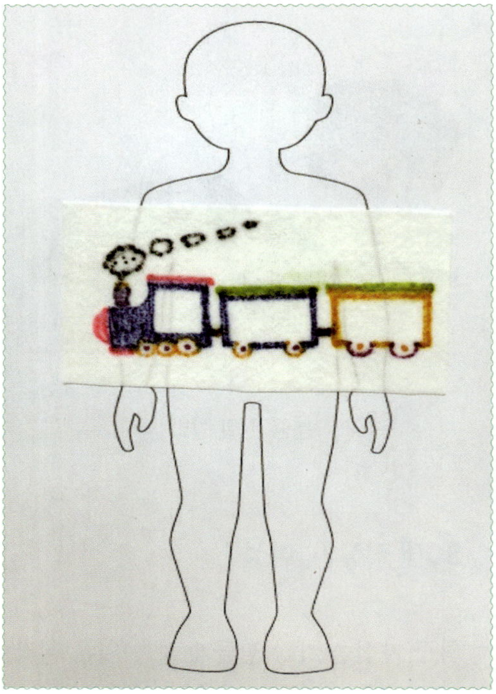

통증 부위에 파스 붙이기

고등학교 2학년, 남학생

시험 기간은 공부도 힘들지만 친구들이 모두 예민해서 사소한 일에도 짜증을 내고 소리를 지르는 일이 많아 늘 가슴이 답답하고 두근거린다. '누가 시험이라는 것을 만들었을까?'라는 생각이 들고 제발 시험 없는 세상에서 살고 싶다고 하였다.

아빠랑 청사포에서 바다를 보면서 모노레일을 탔을 때 가슴이 뻥 뚫리는 것처럼 시원했었다. 모노레일을 탔던 기억을 떠올리니 시험 기간 답답해진 마음이 조금 편해지는 것 같았다. 이번 시험이 끝나면 친구들이랑 청사포에 같이 가서 가슴 뚫리는 시원함을 다시 한번 느껴 보고 싶다고 하였다.

2주

Sweet memory case

좋은 기억 보관함

매체: 물티슈 케이스

매체: 물티슈 케이스

물티슈 케이스에는 물기가 있는 축축한 티슈가 들어 있고 그 티슈가 마르지 않게 수분을 유지해 주고 사용 기간 중 물티슈의 품질을 유지하기 위해 밀봉 역할을 하는 플라스틱 덮개로 만든 캡이 붙어 있다.

매체 활용 이유

물티슈로 더러운 것, 오염된 것을 언제 어디서든 간편하고 쉽게 닦아 낼 수 있듯 힘들고 아프고 속상한 기억으로 마음이 힘들 때 '좋은 세계'에 보관되어 있는 좋은 기억은 힘든 기억을 닦아 내고 씻어내는 역할을 한다. 뿐만 아니라 좋은 기억은 '좋은 세계'에 보관되어 있는 사진첩과 일치하는 현실 세계를 경험하기 위해 개인이 어떻게 행동할 것인지를 선택하는 데 영향을 미친다.
쉽게 휴대할 수 있는 물티슈 케이스는 좋은 기억의 보관함을 만들어 아프고 속상할 때마다 힘든 기억을 좋은 기억으로 대체시켜 보도록 도울 수 있기에 미술치료에 활용할 수 있는 의미 있는 매체다.

Sweet memory case

목표

1. '좋은 세계'에 보관되어 있는 좋은 기억들의 심상을 표현할 수 있다.
2. 현재의 힘들고 아픈 기억들을 '좋은 세계'에 보관되어 있는 좋은 기억들로 대체시켜 보고 지금 어떻게 행동할 것인지 선택할 수 있다.

준비물

물티슈 케이스, 투명 비닐(A4 크기), 물티슈 캡, 실링기 또는 양면 테이프, 색지(8×8cm) 또는 색종이 여러 장, 사인펜이나 유성 매직 또는 네임펜, 칼 또는 가위

활동방법

1. 치료사는 내담자에게 현실치료의 주요 개념인 '좋은 세계'에 대해 설명한다.

   설명 현실치료와 선택이론을 창안한 윌리엄 글래서(W. Glasser)에 의하면 인간은 자신이 원하는 삶, 함께 있고 싶은 사람들, 갖고 싶은 물건이나 경험들, 가치 있게 여기는 생각과 신념들에 대한 이미지를 지니고 있다. 이러한 기억과 이미지들은 '좋은 세계'라는 내면세계에 보관된다.

2. 함께 있고 싶은 사람들, 갖고 싶은 물건이나 경험들, 가치 있게 여기는 생각과 신념 등 자신의 '좋은 세계'에 저장되어 있는 좋은 기억들의 이미지를 색지에 하나씩 그린다.
3. 좋은 기억들 중 가장 대표적인 좋은 기억을 물티슈 캡에 그린다.
4. 물티슈 케이스는 어떤 모양인지 자세히 살펴본다.
5. A4 크기의 투명 비닐에 물티슈를 뽑아 쓰는 구멍을 가위나 칼로 오려 낸 후 끝을 마주 붙여 비닐이 겹치는 끝부분을 실링기로 접착시켜 투명 보관함을 만든다(실링기가 없을 경우에는 양면 테이프로 부착이 가능하다).

보관함 만드는 방법

① 가운데 네모 모양을 오려 낸다.

② ★끼리 마주 겹친 후 실링기(양면테이프)로 붙인다.

③ 1번 네모가 가운데 오도록 놓은 뒤 양옆 ♥ 부분을 각각 실링기(양면테이프)로 붙인다.

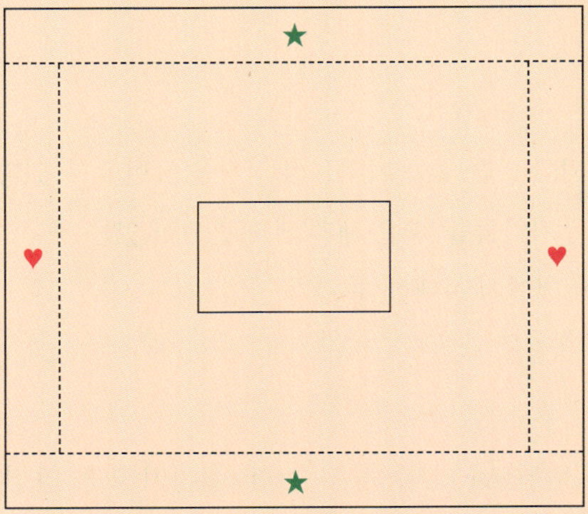

6. 활동방법 5에서 만든 투명 보관함 윗부분의 네모 모양으로 오려 낸 부분에 양면 테이프를 사용하여 물티슈 캡을 부착한다.
7. 좋은 기억을 그린 색지들을 비닐로 만든 투명 보관함의 캡을 열고 하나씩 안에 넣는다.
8. 가장 최근에 경험한 속상한 일 하나를 떠올린 후 투명 보관함에서 좋은 기억들을 꺼내 본다. 자신에게 있는 좋은 기억들로 인해 속상함이 옅어지거나, 위로를 받아 다시 힘을 내 볼 수 있는 마음이 생기는 것을 경험해 본다.
9. 자신에게 저장되어 있는 좋은 기억과 같은 현실을 만들기 위해 지금-여기에서 자신이 어떻게 행동할 것인지 생각해 보고 구체적인 행동 방법들을 찾아본다.
10. 활동 후 느낀 점에 대해서 이야기 나눈다.

Tip

활동방법 4에서 '좋은 세계'에 저장되어 있는 좋은 기억들의 이미지를 내담자가 직접 그리기 힘들어하면 잡지에서 사진이나 그림을 찾아 활용하는 것도 가능하다.

과정

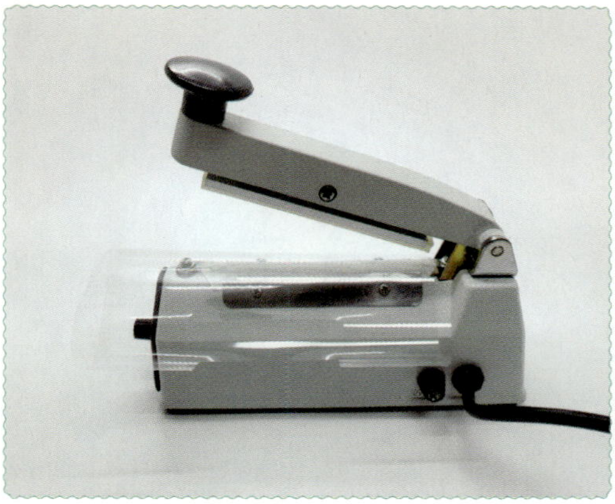

과정 1. 실링기로 비닐 붙이기

과정 2. 캡에 그림 그리기

과정 3. 보관함 완성

과정 4. 좋은 기억 담기

사례 1

좋은 기억들

물티슈 캡에 그린 대표적인 좋은 기억

완성된 좋은 기억 보관함

좋은 기억을 담은 보관함

초등학교 6학년, 남학생

좋은 기억은 엄마가 안아 줄 때, 강아지랑 놀 때, 보드를 타고 신나게 놀 때, 맛있는 것을 먹을 때, 상을 탔을 때다. 치료사가 가장 대표적인 좋은 기억이 무엇이냐고 질문하니 "내가 제일 좋아하는 것은 모두 우리 집, 우리 식구들과 관련된 것 같다."라고 하면서 물티슈 캡에 집 그림을 그렸다.

형과 싸워서 화가 날 때나 학교에서 친구 때문에 섭섭할 때 좋은 기억 보관함에서 좋은 기억들을 꺼내 보면 금방 기분이 좋아질 것 같다고 하였다.

요양병원에 계신 할머니도 몸이 아플 때마다 하나씩 꺼내 보시면서 기분 좋아지시도록 좋은 기억 보관함을 하나 만들어 드리고 싶다고 하였다.

나에게 저장되어 있는 좋은 기억과 같은 현실을 만들기 위해 지금 여기에서 내가 할 수 있는 것은 우리 식구들과 더 사랑하고 잘 지내는 것 같다고 하였다.

사례 2

물티슈 캡에 그린 대표적인 좋은 기억

좋은 기억들

완성된 좋은 기억 보관함

좋은 기억을 담은 보관함

고등학교 3학년, 남학생

대표적인 좋은 기억은 자고 싶을 때 실컷 잤던 기억이다. 수능시험을 앞두고 있어 졸려도 마음 편히 잘 못 자고 주말에도 자고 나면 괜히 시간 아까운데 잠을 잤다 싶어 짜증이 난다. 아무 걱정 없었던 초등학생 때 에어컨을 틀어 놓고 실컷 잠을 잤던 기억이 제일 좋은 기억이다. 좋은 기억 보관함에는 마카롱, 케이크 같은 달달한 음식과 가족과 함께 여행 갔던 기억 그리고 캠핑했던 기억들을 담았다.

수능이 끝날 때까지 이제 점점 더 지치고 힘들어질 텐데 그때마다 좋은 기억 보관함에서 좋은 기억들을 꺼내 보면서 힘을 내야겠다. 수능 끝나고 원하는 대학에 입학하게 되면 다시 새로운 좋은 기억들을 많이 만들어 봐야겠다는 기대가 생긴다고 하였다.

수능 준비로 바쁘지만 자신에게 저장되어 있는 좋은 기억과 같은 현실을 만들기 위해 자투리 시간에 가족들과 함께 외식도 하고 엄마 옆에서 잠도 자 보고 가족 모임에도 빠지지 말아야 할 것 같다고 하였다.

3주

Energy

에너지

매체: 스파우트 파우치

매체: 스파우트 파우치

스파우트 파우치(spout pouch)는 부드러운 플라스틱 또는 비닐 포장에 주입구가 달린 형태의 주머니형 용기로 음료나 액체 제품을 담을 수 있다.

매체 활용 이유

마시는 수액팩이나 포도당이 링거와 같이 몸속에 수분과 영양을 보충해 주는 것처럼 우리의 내면에도 현 상태를 유지하거나 결핍된 것을 보충하고 치유가 필요할 때가 있다. 스파우트 파우치는 자신의 에너지에 대해 살펴보고 에너지를 얻을 수 있는 링거를 만들 수 있어 미술치료에 활용할 수 있는 의미 있는 매체다.

Energy

목표

1. 에너지 동원을 하지 못해 힘들었던 경험들을 탐색할 수 있다.
2. 에너지 동원을 해야 할 때 에너지 얻을 수 있는 방법을 찾을 수 있다.

준비물

스파우트 파우치, 물, OHP 필름, 네임펜, 가위

활동방법

1. 치료사는 게슈탈트 접촉 주기 6단계에 대해서 설명한다(참고: p. 273, 알아차림-접촉주기).
2. 에너지 동원을 하지 못해 욕구나 감정을 해소하지 못했던 경험 또는 마음과 결심을 행동으로 옮기지 못해 힘들었던 일들이 있었는지 생각해 보고 이야기 나눈다.
3. 치료사는 몸이 피곤하거나 아플 때 수분과 영양을 보충해 주는 링거처럼 스파우트 파우치로 에너지 동원을 해야 할 때 에너지를 얻어 행동할 수 있도록 돕는 링거를 만들어 볼 것이라 안내한다.
4. 에너지를 얻을 수 있는 방법을 OHP 필름에 네임펜으로 적거나 그린다(OHP 필름은 스파우트 파우치 안에 들어갈 수 있는 크기로 잘라 꾸민다).

   예 재미 한 스푼, 소확행 두 스푼, 커피 수혈, 음악 테라피 등
5. 스파우트 파우치 표면에 제조일, 사용기한, 용량, 효과 등 특징을 적어 자신만의 링거를 만든다.
6. 스파우트 파우치 안에 활동방법 4에서 만든 OHP 필름을 넣고 물을 붓는다.
7. 완성된 링거를 보며 이 링거가 필요한 순간은 언제일지 이야기 나눈다.
8. 활동 후 느낀 점에 대해서 이야기 나눈다.

Tip

1. 마시는 멀티 비타민제를 스파우트 파우치에 넣어 사용할 수도 있다.
2. 스파우트 파우치에 들어가도록 OHP 필름을 다양한 크기로 미리 잘라서 제공할 수 있다.

참고*

● 알아차림–접촉주기

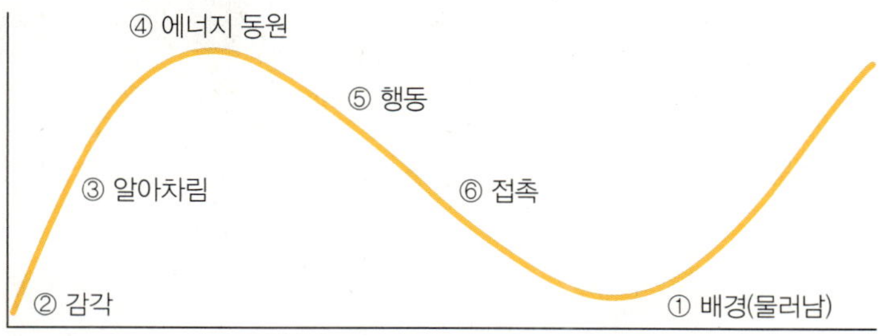

알아차림–접촉주기

출처: Zinker (1977).

알아차림–접촉주기는 경험의 사이클(cycle of experience)이라고도 하는데, 인식하고 이름을 붙이며 어떻게 반응할 것인지 결정하고, 감각을 만들며 행동을 취하고 상황과 완전히 접촉하여 다음 사이클을 준비하기 위한 에너지를 모으고 완성하는 것이다. 즉, 감각을 경험하는 순간부터 확인하는 단계까지를 말한다. 징커(Zinker)는 이러한 알아차림–접촉주기를 배경(homeostasis), 감각(sensation), 알아차림(awareness), 에너지 동원(energy excitement), 행동(action), 접촉(contact)의 6단계로 나누어 설명하였다.

먼저, ① 배경을 통해서, ② 유기체의 욕구나 감정 등이 신체감각의 형태로 나타나고, ③ 개체가 자신의 욕구나 감정을 알아차려 이를 게슈탈트로 형성하여 전경으로 떠올리면, ④ 전경의 욕구를 해소하기 위하여 에너지를 동원하고, ⑤ 이를 행동으로 옮겨, ⑥ 마침내 환경과의 접촉으로 게슈탈트를 형성한다. 이렇게 해소된 게슈탈트는 전경에서 배경으로 물러나게 된다. 이 주기를 거치면서 유기체는 자신의 욕구를 인식하여 전경을 형성하고, 이를 해소하여 배경으로 사라지게 하는 과정을 반복한다. 건강한 유기체는 이 과정을 통해서 환경과의 자연스러운 접촉을 하면서 적절하게 성장해 간다. 하지만 어떤 영향을 받아 접촉주기 단계가 다음 단계로 진행하지 못하고 접촉주기가 단절되어 해소되지 못한 욕구는 미해결 과제로 남는다.

9월

* 참고의 내용은 김춘경 외(2016)에서 수정 발췌함

사례 1

에너지를 얻을 수 있는 방법 1

에너지를 얻을 수 있는 방법 2

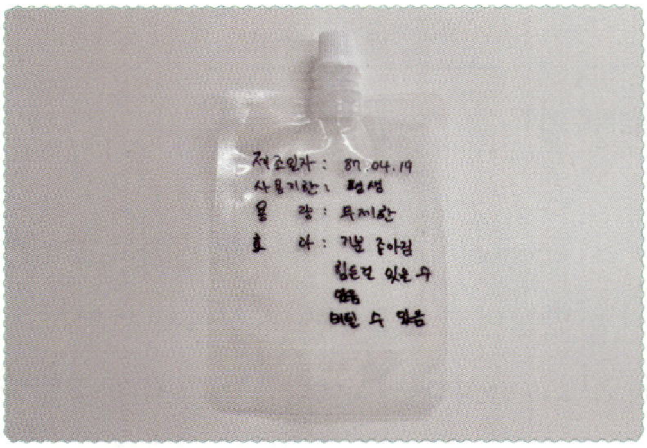

링거 특징

자신만의 링거

30대 직장인, 남성

에너지를 동원하지 못해 힘들었던 일은 건강이 좋지 않아서 체력이 따라 주지 않아 직장 일 외 가정, 여가, 친구들과의 만남 등을 할 수 없었던 것이다.

힘들 때 에너지를 얻도록 하는 것은 사랑하는 가족, 자신이 가장 좋아하는 치킨과 콜라, 자동차, 살아가는 데 필요한 돈이다.

제조일자는 자신이 태어난 날로, 그날부터 자신을 위한 세상이 만들어지고 좋은 일이 일어나고 있다고 한다. 유통기한은 평생이고 용량도 무제한이다. 이 링거의 효과는 기분이 즉시 좋아지며 힘든 걸 잊을 수 있고 버틸 수 있게 해 주는 것이라고 하였다.

링거가 필요한 순간은 직장 상사로 인한 스트레스가 심할 때, 야근으로 힘들 때라고 하였다.

사례 2

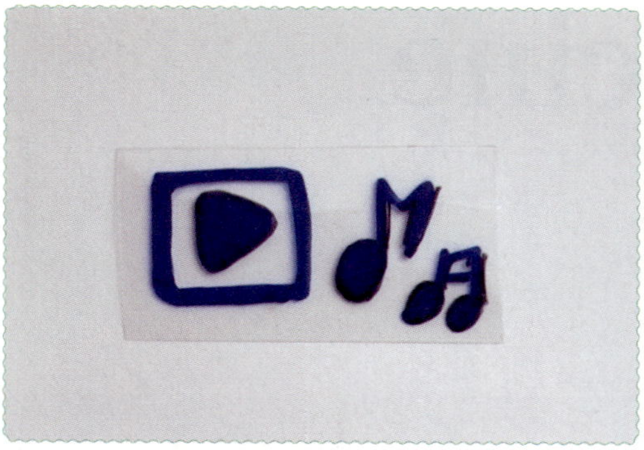

에너지를 얻을 수 있는 방법 1

에너지를 얻을 수 있는 방법 2

링거 특징

자신만의 링거

고등학교 1학년, 여학생

공부를 잘하고 싶지만 에너지를 동원하지 못해 공부하는 것이 너무 피곤하고 학업 스트레스가 심한 것이 힘들다.

힘을 내서 공부를 더 열심히 할 수 있는 에너지를 얻는 방법은 나무가 있는 자연에서 휴식하는 것, 좋아하는 가수의 노래를 듣고 따라 부르는 것이다.

링거를 맞는다면 신선한 수액이면 더 효과가 있겠다고 하면서 제조일자는 매일매일 만들어 당일에 만들어진 것이면 좋겠고, 효과는 휴식과 심신 안정이고 실제로 공부할 때 이렇게 효과 좋은 것이 있다면 정말 좋겠다고 하였다.

시험공부를 하는데 몸이 좋지 않을 때 링거가 꼭 필요할 것 같다고 하였다.

4주

Medicine

약

매체: 약병

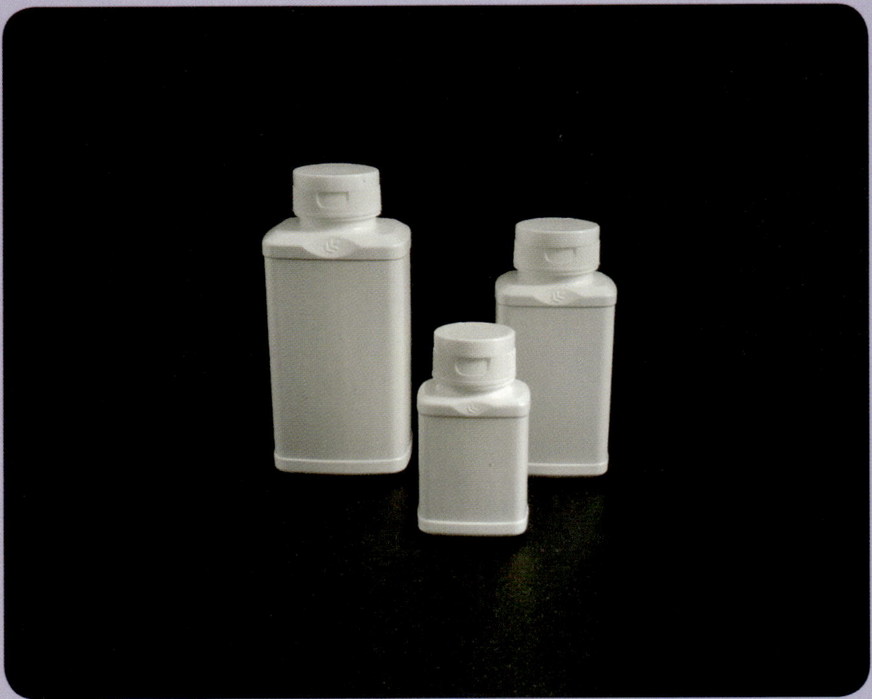

매체: 약병

약병은 병이나 상처를 치료하기 위해 먹거나 바르거나 주사하는 물질인 약을 담는 병이다. 약병은 내부가 보이는 투명한 유리나 플라스틱, 빛을 차단하기 위한 갈색 병으로 만든다.

매체 활용 이유

약을 담는 약병에는 약품명, 성분, 효능 및 효과, 투약량, 투약 방법, 유통기한, 보관방법, 투약 시 주의사항 등이 적혀 있다. 이는 약에 대한 정보를 제공하고 약을 안전하게 보관하여 복용할 수 있도록 하기 위함이다.

아픔과 상처로 힘이 들 때 자신에게 필요한 약이 무엇인지 탐색하고 인식하여 약병을 만드는 작업은 몸과 마음의 상처와 아픔의 증상을 스스로 완화시키거나 치료하도록 도울 수 있어 약병은 미술치료에 활용할 수 있는 의미 있는 매체다.

Medicine

목표

1. 자신의 몸과 마음이 힘들거나 아플 때가 언제인지 알 수 있다.
2. 자신의 몸과 마음이 힘들거나 아플 때 스스로 증상을 완화시키거나 치료할 수 있는 방법을 찾고 적용할 수 있다.

준비물

빈 약병, 종이, 네임펜, 가위, 풀

활동방법

1. 자신의 몸과 마음이 힘들거나 아플 때가 언제인지 생각해 보고 이야기 나눈다.
2. 열이 나거나 기침을 하면 약을 복용해야 하듯 마음이 힘들 때 약이 필요하다면 언제, 어떤 상황에서, 어떤 약이 필요할지 생각해 보고 이야기 나눈다.

   예 '짜증이 날 때 초콜릿을 먹으면 기분이 나아진다', '산만해질 때 잠깐 휴식을 취하면 나아진다' 등
3. 활동방법 2에서 생각한 자신에게 필요한 약을 빈 약병에 그림으로 그린 후 약병의 뒷면에 약에 대한 설명을 적는다.

   예 약품명, 성분, 효능 및 효과, 투약량, 주의사항 등
4. 자신이 만든 약병을 보며 어떤 상황에서 사용하면 좋을지, 약을 먹으면 어떤 효능이 있을 것 같은지 이야기 나눈다.
5. 활동 후 느낀 점에 대해서 이야기 나눈다.

Tip

내담자가 인지하는 별다른 어려움은 없고 격려나 응원이 필요한 상황이라면 약병 대신 비타민이나 영양제로 작업해 볼 수도 있다.

사례 1

마음이 뻥 샷

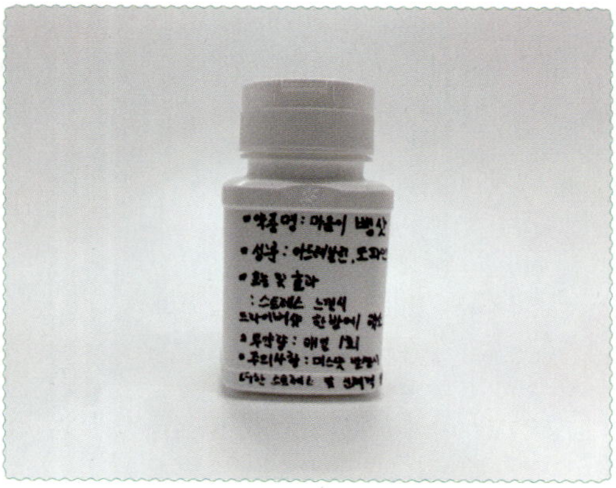

'마음이 뻥 샷'에 대한 설명

고등학교 2학년, 남학생

아버지를 따라 골프연습장에 갔다가 골프에 흥미를 느껴 아버지와 같이 연습하고 있다. 공이 잘 맞을 때마다 기분이 너무 좋은데 아버지가 바빠서 골프연습장에 자주 가지 못해 아쉽다. 성적이 잘 오르지 않아 마음이 힘들 때 골프를 치면 힘든 마음이 공과 함께 날아갈 것 같다고 하였다.

약품명은 '마음이 뻥 샷'으로 아드레날린과 도파민이 증가하는 성분이 들어 있다. 스트레스를 느낄 때 드라이버 샷 한 방에 해소가 되는 효능 및 효과가 있으나 매일 1회만 투약하는 것이 좋다. 주의사항으로는 미스샷 발생 시 더 많은 스트레스가 발생할 수 있고 신체적 부담이 있을 수 있으니 너무 많이 하지 않는 것이 좋다고 하였다.

사례 2

힐링 달리기

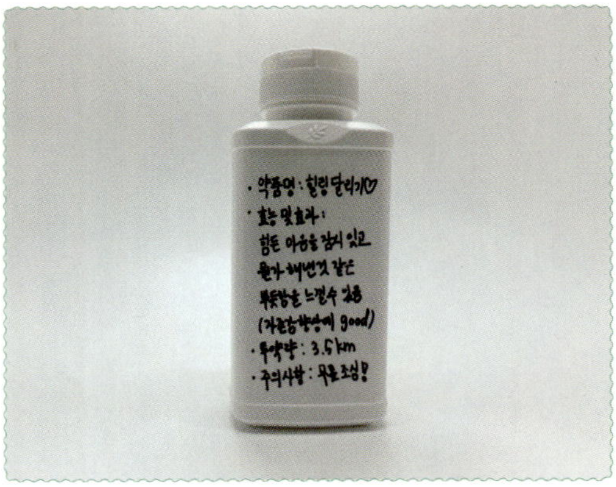

'힐링 달리기'에 대한 설명

30대 직장인, 여성

회사에서 사람 간의 관계로 마음이 힘들 때 몸을 많이 움직여 운동에 집중하다 보면 생각도 정리되고 마음도 정리될 때가 많다. 뭔가 해낸 것 같은 성취감을 느낄 수도 있고 내가 좀 멋진 여자 같다는 생각이 든다. 또한 땀 흘리며 운동한 후 샤워를 하면 몸도 개운하고 마음도 개운해진다고 하였다.

약품명은 '힐링 달리기'로 힘든 마음을 잠시 잊고 뭔가 해낸 것 같은 뿌듯함을 느낄 수 있으며 특히 자존감 향상에 좋은 효과가 있다고 한다. 적정한 투약량은 3.5km로 무릎을 조심해야 하는 주의사항이 있다고 하였다.

10월

1주 Remake-리메이크

2주 Recovery-회복

3주 Suncatcher-선캐처

4주 Tulle lace-튤 레이스

회복하다

부정적 자기개념으로 힘든 자신에게
긍정적 자기상을 갖도록 격려하여 회복해요.

1주

Remake

리메이크

매체: 핫멜트

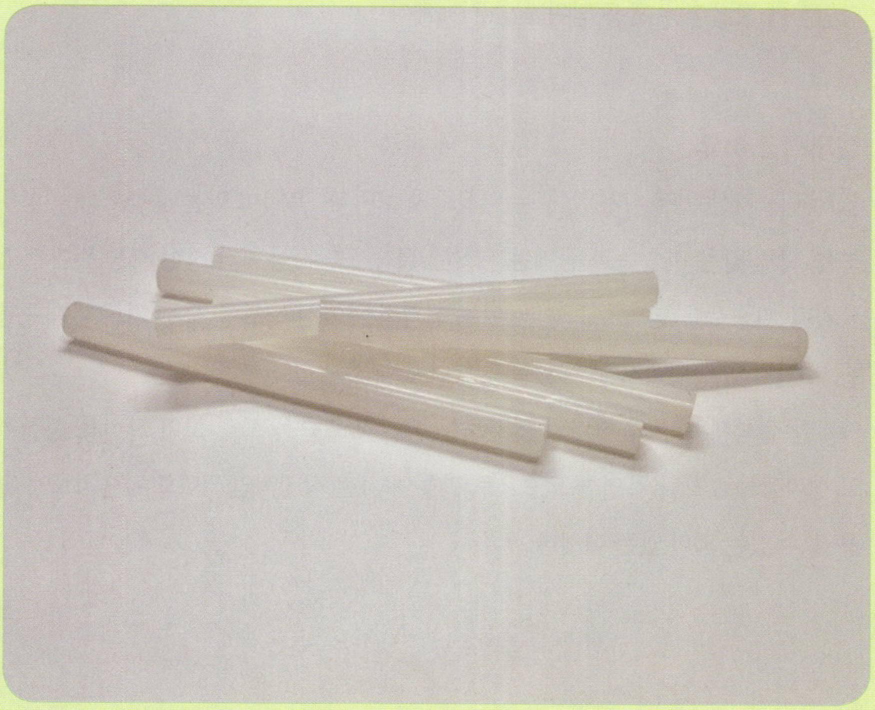

매체: 핫멜트

핫멜트(Hot Melt Adhesive: HMA)는 고체로 만들었다가 열을 가해 녹여서 쓰는 접착제로 글루건 스틱이 대표적이다. 공예 제품이나 집안 소품의 단순 수리 등에 다양하게 사용되는 활용 범위가 넓은 매체다.

매체 활용 이유

접착제를 가장 먼저 사용한 곳은 이집트와 로마다. 특히 로마는 동상이나 석상의 보석, 그림 같은 미술품과 공예품 제작에 접착제를 사용해 역사상 가장 위대한 건축물과 미술품을 남기기도 했다. 이는 접착력을 가진 재료를 통해 기존의 재료를 좀 더 가치 있게 변화시킬 수 있음을 보여 준다.

이러한 접착제 종류의 하나인 핫멜트는 자신의 모습을 그려 보며 자신을 성찰하고 심리적으로 보다 유연한 모습으로 만들어 가는 상징적인 의미로 미술치료에 활용할 수 있는 의미 있는 매체다.

Remake

목표

1. 현재 자각하고 있는 자아상을 인식할 수 있다.
2. 자기관찰을 통해 심리적으로 보다 유연한 자아상을 형성할 수 있다.

준비물

핫멜트(글루건 스틱), 글루건, A4 용지, 알루미늄 포일, 유성 매직, 펜

활동방법

1. 백남준의 〈TV 로댕〉을 검색하여 감상한 후, 작품처럼 자신의 얼굴을 셀프 카메라로 보며 보이는 자신과 관찰하는 자신을 살펴본다.
2. 치료사는 자화상에 대해 설명한다.

   설명 자화상을 영어로는 'self-portrait'라고 하는데, 'portray'는 원래 '끄집어내다', '밝히다'라는 뜻의 라틴어인 'protrahere'라는 말에서 유래한 것으로, 자화상은 '자기를 끄집어내다', '자기를 밝히다'라는 의미가 된다. 자화상을 통해 자기 안의 관찰하는 자기 모습을 끄집어내어 시각화하는 작업을 안내한다.
3. 셀프 카메라로 자신의 얼굴 사진을 찍어 프린트로 출력하여 자화상을 통해 관찰하는 자기의 모습을 떠올리며 글루건으로 얼굴의 윤곽선을 그린다.
4. 핫멜트가 충분히 식은 후 포일을 덮고 눌러 밀착시킨 다음, 글루건으로 그린 선이 두드러지게 보이도록 유성 매직으로 그린다.
5. 자신에 대해 생각나는 대로 '나는 ~이다.' 형태의 문장 10개를 A4 용지에 적어 자신을 표현한다.
6. 활동방법 5의 자신을 표현한 문장에서 단정적, 선언적, 절대적 언어로 경직되게 표현된 부분이 있는지 살펴보고, 이로 인해 심리적 불편감이나 부담감을 느끼는 부분이 있는지

탐색한다.

예 나는 키가 작다. 그래서 패배자다.

7. 자신에 대한 부정적인 생각은 자기충족적 예언을 통해 역기능을 지속하게 되는데, 자신에게 부정적인 자기충족적 예언이 있는지 탐색한다.

예 나는 매력이 없는 사람이다. 소개팅에서 다음 약속을 받지 못한다. 그것 봐. 나는 매력이 없는 사람이야.

8. 자신에 대한 부정적인 생각으로 인해 심리적으로 불편감을 느끼거나 괴로움을 겪는 상황을 떠올린다.
9. 자신의 모습을 관찰하며 변화시킬 수 있는 부분과 변화시킬 수 없는 부분을 구분해 본다.

예 키가 작은 것은 변화시킬 수 없지만 키가 작아서 패배자라는 생각은 바꿀 수 있다. 키가 작다고 반드시 패배자가 되는 것은 아니다.

10. 자신을 관찰하고 바라보며 비판단적으로 현재에 주의를 기울이는 연습을 한다.

예 '○○이 키가 작은 패배자라고 생각하는구나.' 하는 생각을 강물 위에 낙엽처럼 올려놓고 흘려보내는 상상을 한다.

11. 활동 후 느낀 점에 대해서 이야기 나눈다.

주의사항

1. 가열되면 글루와 글루건의 입구 부분이 뜨거우므로 화상을 입지 않도록 주의한다.
2. 글루건 거치대 등을 준비하여 가열된 글루건을 안전하게 사용하도록 한다.

과정

과정 1. 글루건으로 그리기

과정 2. 윤곽선 완성하기

과정 3. 포일을 덮어 누르기

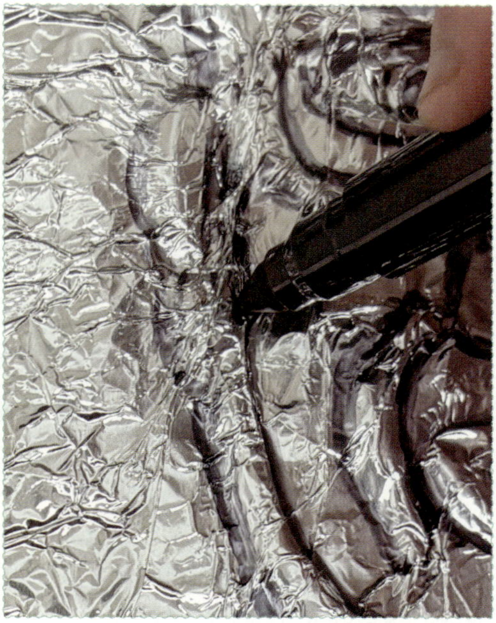

과정 4. 유성 매직으로 그리기

사례 1

50대 직장인, 남성

자신에 대해 심리적 불편감이나 부담감을 느끼는 부분은 '나는 나이가 많다.'이다. '나이가 많아서 빠르게 변하는 사회에 적응하지 못할 것이다. 적응하지 못하면 불필요하다. 불필요하면 가치가 없다.'라는 생각이 들고 '나는 가치가 없는 사람이다.'라는 부정적인 자기충족적 예언으로 우울감을 느낀다. 새로운 기술이 나오면 배우지 않고 피해서 적응할 기회를 놓치고 점점 적응력이 낮아지고 있다고 하였다.

자신이 나이가 많은 것은 변화시킬 수 없지만 적응하는 것은 노력하면 가능성이 있다고 생각하게 되었다. '내가 나이가 많아 적응을 못해 불필요하고 가치 없는 사람이라고 생각하는구나.'라는 생각을 강물 위 낙엽에 올려놓고 흘려보내는 상상을 하였다. 자신의 부정적인 생각을 흘려보내며 가슴을 누르던 묵직한 돌덩어리가 조금 가벼워진 것 같다고 하였다.

사례 2

30대 직장인, 여성

자신에 대한 표현 중 심리적으로 불편한 부분은 '나는 능숙하지 못하다.'이다. 능숙하지 못하면 퇴출될 것이라는 생각이 들고, '나는 퇴출되고 버려질 거야.'라는 부정적인 자기충족적 예언으로 스스로를 몰아붙였다. 불안하고 긴장되어 잠을 줄여 가며 일을 하다가 실수를 하게 되고, 스트레스로 편두통이 심해지고 건강이 나빠졌다고 하였다.

자신이 퇴출 여부를 결정할 수는 없지만 능숙하지 않으면 퇴출된다는 부정적인 생각은 바꿀 수 있다는 것을 발견하였다. '능숙하지 못하다고 반드시 퇴출되는 것은 아니다. 누구나 처음은 있고, 능숙해지는 데는 각자의 시간이 걸린다.'라고 생각하니 불안한 감정이 줄어들었다. 실수했을 때를 떠올려 '지금 내가 능숙하지 못해 퇴출되고 버림받을 거라는 생각이 떠오르는구나.'라고 수용하며 평가하지 않고 지나치는 연습을 하였다. 자화상을 만들어서 자신을 관찰하니 거리를 두고 자신을 바라볼 수 있어서 스스로 다그치지 않게 된다고 하였다.

2주

Recovery

회복

매체: 괄사

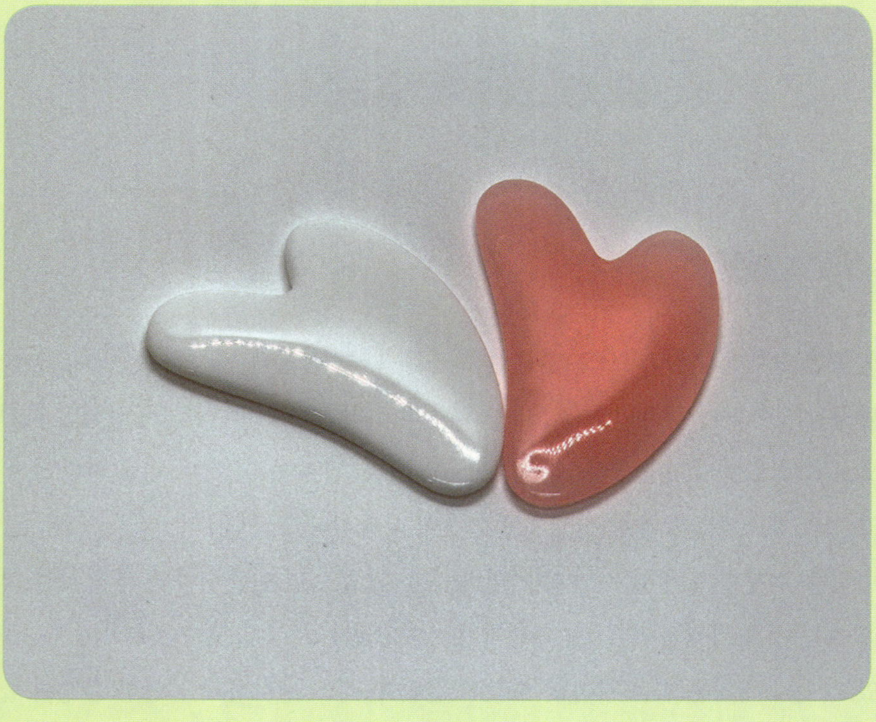

매체: 괄사

괄사는 표면이 매끄러운 물체나 가공한 동물의 뿔을 사용해 피부와 근육을 마사지하는 도구다. 림프관을 자극하여 쌓인 노폐물들을 순환시키며 경직된 근육을 푸는 효과가 있다.

매체 활용 이유

괄사로 몸의 경직된 근육을 푸는 것처럼 마음의 근육도 치료하고 회복해야 하는 것들이 있다. 신체를 이완시키는 활동은 불안으로 인한 심리적 긴장을 이완하는 데 도움이 된다.

심리적 이완에 도움이 되는 것을 찾아 괄사에 상징적으로 표현하고 실제로 괄사를 활용해 근육의 긴장을 풀어 보며 이완되는 경험을 할 수 있어 괄사는 미술치료에 활용할 수 있는 의미 있는 매체다.

Recovery

목표

1. 대인관계에서 어려움이 있을 때 느끼게 되는 자신의 신체 증상을 알 수 있다.
2. 대인관계에서 어려움이 있을 때 심리적 이완 및 회복 방법을 알고 적용할 수 있다.

준비물

괄사, 네임펜, 종이, 연필

활동방법

1. 대인관계에서 불안이나 긴장 등 심리적으로 힘들 때 신체의 어떤 부분에서 두근거림, 뭉침, 경직 등이 나타나는지 생각해 보면서 신체와 심리가 서로 영향을 받는다는 것을 알아본다.
2. 심리적인 어려움으로 신체 증상을 느낄 때의 통증을 10점 척도로 수치화하여 표현한다.
3. 대인관계에서 어려움이 있을 때 회복을 위해 어떤 노력을 했었는지 이야기 나눈다.
4. 활동방법 3에서 찾은 노력을 괄사에 그림으로 그리거나 글로 적는다.
5. 그림을 그린 괄사를 언제 어떻게 사용하면 좋을지 생각해 보고 종이에 적는다.

   예 ① 가슴이 두근거릴 때는 심장에 가벼운 마사지를 하여 이완시키기
   ② 관계로 인한 스트레스, 두통이 생기면 머리에 자극을 주기
   ③ 긴장이 되어 손이 땀에 나고 경직될 때는 팔을 자극하여 풀어 주기
6. 괄사로 증상이 있는 부위를 마사지하여 신체 이완을 통해 심리적 이완을 느껴 보고 활동방법 2처럼 수치화한 후 괄사 마사지 전과 비교하여 수치의 변화가 있는지 살펴본다.
7. 대인관계에서 어려움이 있을 때 괄사로 마사지하듯이 마음을 부드럽게 만들 수 있는 구체적인 행동방법에 대해 이야기 나눈다.

   예 좋아하는 사람 만나기, 좋아하는 음료 마시기, 음악 감상하기, 간식으로 활력 충전하기 등
8. 활동 후 느낀 점에 대해서 이야기 나눈다.

사례 1

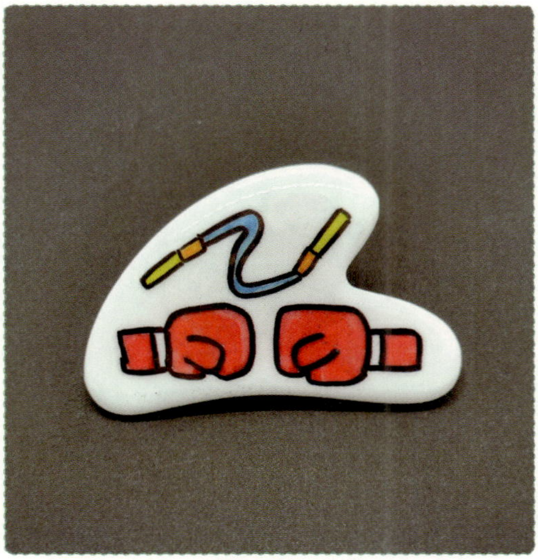

회복 방법: 줄넘기, 복싱

대학교 2학년(휴학), 남학생

대인관계에서 긴장을 많이 하는 편이다. 긴장하면 이마, 인중, 겨드랑이에서 땀이 많이 나 불편하기도 하여 몸에 힘이 들어가게 된다. 심리적으로 어려울 때 통증을 10점이라고 하면 지금–현재는 8점 정도다.

대인관계 어려움이 있을 때 회복하기 위해 시간을 내어 복싱을 하고 줄넘기를 해 본 경험이 있다. 그때 이 방법들이 효과가 있었던 것 같아 앞으로도 해야겠다고 하였다.

괄사로 팔과 겨드랑이를 마사지하면서 긴장하지 않고 땀이 나지 않았으면 좋겠다고 하였다.

마사지 전과 비교하여 점수가 3점으로 낮아진 것 같고 시원한 느낌이 들어 괄사를 가지고 다니고 싶다.

좋아하는 걸그룹 음악을 들으면 기분이 좋아져서 마음을 부드럽게 만들 수 있을 것 같다고도 하였다.

사례 2

회복 방법: 사탕, 초콜릿, 매운 과자

고등학교 2학년, 여학생

친구 관계에서 심리적으로 힘들 때 머리가 아프고 어깨가 뭉치는 것 같다. 통증을 점수로 표현한다면 심리적으로 어려울 때는 9점, 지금-현재는 학원을 마치고 와서 6점이다.

대인관계 어려움을 잘 회복하는 방법으로 하교 후 편의점에 가서 바삭바삭하거나 단 것을 사 먹으면 기분이 좀 나아진다고 하면서 사탕, 초콜릿을 그렸다. 그리고 매운 과자나 매운 음식이 스트레스를 푸는 최고의 방법이라고 하였다.

괄사로 마사지하면서 통증이 줄어든 것 같고 마음을 부드럽게 하기 위해 예능 프로그램을 보면서 제일 진한 초콜릿 ○○을 하나 더 먹어 봐야겠다고 하였다.

3주

Suncatcher

선캐처

매체: 셀로판지

매체: 셀로판지

셀로판지는 셀로판(셀룰로스 필름)표면에 수지나 나이트로셀룰로스를 발라 만든 종이다. 여러 가지 색깔이 있으며, 주로 공작용으로 사용한다.

매체 활용 이유

선캐처는 빛을 퍼뜨려 집안에 따뜻하고 좋은 기운을 불러들인다고 하여 주로 창가에 걸어 둔다. 빛을 통과시킬 수 있는 다양한 색의 셀로판지는 좋은 에너지를 불러들이는 선캐처를 만들 수 있어 미술치료에 활용할 수 있는 의미 있는 매체다.

Suncatcher

목표

1. 미술치료를 통해 회복되고 있는 자신에게 좋은 에너지를 줄 수 있는 방법을 찾을 수 있다.
2. 미술치료를 통해 회복되고 있는 자신에게 좋은 에너지가 필요할 때 선캐처를 활용할 수 있다.

준비물

셀로판지, 손 코팅지, 종이, 네임펜, 펀치, 끈, 칼, 가위

활동방법

1. 자신에게 좋은 에너지를 줄 수 있는 것들과 방법에 대해 생각해 보고 이야기 나눈다.
   예 ① 도움을 줄 사람: 유머 감각이 있는 친구
   ② 나의 마음가짐이나 행동: '잘 될 것이다.'라고 믿는 마음
2. 선캐처의 의미를 찾아본 뒤, 선캐처를 만들어서 자신에게 좋은 에너지를 줄 수 있다면 어떤 모양으로 만들고 싶은지 생각하여 도안을 종이에 그린다.
3. 완성된 선캐처 도안의 테두리만 남기고 오리고 도안의 내부도 칼로 파낸다.
4. 오려진 도안을 손 코팅지의 접착 면에 붙인다.
5. 자신에게 좋은 에너지를 줄 것 같은 색으로 도안의 테두리 안쪽에 셀로판지를 잘라 붙인다.
6. 셀로판지를 붙인 쪽에도 코팅지를 붙여 완성하고, 완성된 선캐처에 끈을 연결할 수 있도록 펀치로 구멍을 뚫어 끈을 연결해 창문에 걸 수 있게 만든다.
7. 좋은 에너지가 필요할 때가 언제인지 탐색하여 이야기 나눈다.
8. 활동 후 느낀 점에 대해서 이야기 나눈다.

과정

과정 1. 도안 그리기

과정 2. 도안 자르고 파내기

과정 3. 셀로판지 붙이기

과정 4. 코팅지 윗면 붙이기

과정 5. 오리기

과정 6. 끈 끼우기

사례 1

풍선

초등학교 6학년, 여학생

자신에게 좋은 에너지를 줄 수 있는 것은 미리 걱정하지 않는 마음, 잘 될 것이라는 긍정적인 생각이라고 하였다. 걱정하는 마음은 무거운 마음이라서 마음을 가볍게 한다는 의미로 풍선 이미지를 선택하여 선캐처를 만들었다. 걱정으로 나쁜 생각이 들 때마다 선캐처를 보며 지금 한 것을 기억해야겠다고 하였다.

사례 2

고래

중학교 1학년, 남학생

고래 이미지가 마음에 든다고 하였다. 고래를 선택한 이유는 평소 짜증이 많고 속이 좁다는 이야기를 듣는데 바다를 생각하면 마음이 편안해지고 바다처럼 넓은 마음을 가진 사람이 되고 싶어서라고 하였다.

완성된 선캐처를 보니 마음이 편안해지는 것 같고, 짜증이 날 때마다 보면서 마음을 넓게 가져야겠다는 생각을 할 것 같다고 하였다.

4주

Tulle lace

튤 레이스

매체: 튤 레이스

매체: 튤 레이스

튤 레이스(tulle lace)는 얇은 명주 망사 작물에 레이스로 자수하는 기법으로 만든 것을 통틀어 이르는 것으로 흔히 볼 수 있는 실크나 나일론으로 짠 망사를 말한다.

매체 활용 이유

튤 레이스로 미술 작업을 할 때는 주로 실과 바늘을 이용해 모양을 잡은 후 고정하여 다리미로 눌러 붙이거나 양면 테이프를 이용하여 만들고 싶은 대상의 윤곽과 명암을 표현한다. 튤 레이스는 얇아서 자유자재로 변형이 가능하고 여러 겹 겹쳤을 때 만들어지는 자연스러운 명도와 채도가 신비하게 보이는 특징이 있다. 또한 튤 레이스는 주름을 만들어 부피를 주었을 때 빛이 투과되면서 만들어지는 공간감이 풍성하다. 그래서 입체 작품 만들기에 부담감을 가지는 내담자도 어렵지 않게 자신의 상징을 입체적으로 표현할 수 있어 튤 레이스는 미술치료에 활용할 수 있는 의미 있는 매체다.

Tulle lace

목표

1. 미술치료를 통해 회복된 내면과 자기를 상징적으로 표현할 수 있다.
2. 미술치료를 통해 회복된 자신을 격려하고 축하하며 자신이 아름다운 존재임을 알 수 있다.

준비물

다양한 색상의 튤 레이스, 양면 테이프, 포스트잇, 가위, 종이, 필기구

활동방법

1. 미술치료를 통해 변화된 자신의 내면, 일상생활, 대인관계 등을 미술치료 전과 후로 비교하여 이야기 나눈다.
2. 미술치료를 통해 변화된 자신을 상징하는 것을 사물이나 동물, 식물, 추상적인 형상 등 어떤 것으로든 자유롭게 생각해 본다.
3. 튤 레이스를 만져 보고 감촉을 느껴 보며 충분히 탐색한 후 활동방법 2에서 생각한 자신의 상징을 튤 레이스로 만든다. 튤 레이스를 접거나 겹쳐서 주름을 만든 후 양면 테이프로 고정하여 자신의 상징을 만든다.
4. 튤 레이스로 만든 아름답고 화려하게 보이는 자기 상징을 살펴보며 미술치료를 통해 변화되고 회복된 자신에게 그동안의 수고와 노력을 격려하고 응원하며 축하하는 메시지를 포스트잇에 적어 자기 상징 옆에 붙인다.
5. 활동방법 3~4에서 만든 자신의 상징과 메시지를 감상하며 자신은 충분히 아름다운 존재임을 느껴 본다.
6. 활동 후 느낀 점에 대해서 이야기 나눈다.

사례 1

자기 상징 만들기

응원 메시지 적어 붙이기

중학교 2학년, 여학생

친구가 탈의실에 있는 줄 모르고 탈의실을 나오면서 불을 끄고 나왔는데, 괴롭히려고 일부러 그런 행동을 했다는 오해를 사 친구들 무리에서 따돌림을 당하게 되었다. 생각해 보면 정말 사소한 행동으로 시작된 오해였는데 한번 오해가 생기니 풀기가 너무 어려웠고, 아무리 자신의 진심을 이야기해도 친구들이 믿어 주지를 않아 학교 가기가 싫어져 등교를 거부하는 중이었다.

미술치료를 받으며 오해가 풀리지 않는다는 것이 왜 그렇게 죽고 싶을 정도로 힘들었던 것인지를 알게 되었다. 이제 자신을 소중하게 생각할 수 있게 되었고, 친구들의 평가나 시선보다 자신의 마음에 더 귀를 기울이고 싶다고 하였다. 힘든 고치 시절을 지내야 화려하고 아름다운 나비가 되는 것처럼 자신도 마음이 아팠던 시간을 털어 버리고 이제 팔랑팔랑 가볍게 날아다니는 나비처럼 자유롭고 싶어 자기 상징을 나비로 만들었다고 하였다.

"Don't worry.", "널 믿어.", "너의 오늘을 응원해." 등의 응원 메시지를 포스트잇에 적어 나비 옆에 붙였다.

사례 2

자기 상징 만들기

응원 메시지 적어 붙이기

40대 주부, 여성

아이가 발달장애가 있어 치료실을 쫓아다니며 자신의 삶은 없는 듯 살았다. 아이가 행복하면 좋겠다는 마음과 지금 반드시 가르쳐야 하는 부분이지만 아이가 극도로 싫어하는 적응행동 학습 사이에서 갈등이 심해 마음이 많이 힘들었다. 지치고 힘든 마음을 잘 풀어내지 못해 어느 순간 우울증이 왔고 매 순간 짜증이 나고 죽고 싶을 정도로 극심한 무기력증에 시달렸다.

그러나 미술치료를 경험하며 아이 문제와 자신의 삶을 분리해서 생각할 수 있게 되었고 '그래도 나 정도면 좋은 엄마다.'라는 생각을 하게 되었다. 지금까지 애썼고 또 앞으로도 아이를 위해 최선을 다할 것이기 때문에 자신을 가시는 있으나 아름다운 꽃의 대명사인 장미로 표현했다고 하였다.

그리고 아이가 독립할 수 있을 때까지 힘을 내서 달려갈 자신을 응원하는 글을 포스트잇에 기록하여 붙였다.

11월

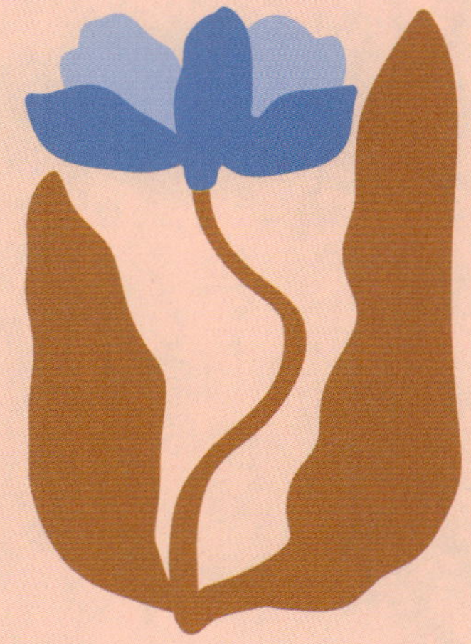

1주 Growth-성장
2주 Tree-나무
3주 Spool-실 감기
4주 Twinkling-반짝반짝

홀로 서다

자신의 노력과 치료를 통한 성과를 인식하고
회복된 자아를 단단히 하여 홀로 서요.

1주

Growth

성장

매체: 누에고치

매체: 누에고치

누에고치는 나비목에 속하는 곤충인 누에가 번데기가 될 때, 제 몸을 보호하기 위하여 스스로 실을 토해서 몸의 둘레를 감싸서 만든 둥글고 길쭉한 모양의 집이다.

매체 활용 이유

명주실을 얻기 위해 농가에서 길러 온 누에는 알에서 깨어난 후 보통 4번의 허물을 벗고 20여 일 동안 자라서 5령이 끝날 무렵이 되면 고치를 짓기 시작하여, 약 60시간에 걸쳐 타원형의 고치를 완성한다.

번데기가 되어 나방이 되기까지 긴 시간 동안 어렵지만 자신을 보호하고 인내하는 과정은 꼭 필요한 일이다. 지루하고 고통스러울 수 있지만 아름다워지고 날아갈 수 있도록 노력 중인 누에고치는 자신의 성장과 홀로서기를 도모하는 인내와 인고의 시간을 상징하기에 미술치료에 활용할 수 있는 의미 있는 매체다.

Growth

목표

1. 성장과 홀로서기를 위해 자신이 인내하고 있는 것은 어떤 것이 있는지 탐색할 수 있다.
2. 성장과 홀로서기를 위해 인내하고 있는 자신에게 긍정적인 메시지를 줄 수 있다.

준비물

누에고치, 송곳, 가죽 목걸이 끈, 비즈, 수채물감, 붓, 물통, 네임펜, 가위

활동방법

1. 누에고치를 살펴보며 누에와 누에고치에 대해서 이야기 나눈다.
2. 누에고치처럼 자신의 성장과 홀로서기를 위해 무엇을 어떻게 인내하며 지내고 있는지 탐색한다.
3. 누에고치를 자신으로 상징하여 색을 칠하거나 잘라서 모양을 내어 꾸민다.
4. 가죽 목걸이 끈을 원하는 길이(보통 55~57cm)만큼 정한 후 그 길이보다 조금 더 여유롭게 자른다. 활동방법 3에서 꾸민 누에고치에 송곳으로 구멍을 뚫고 끈으로 끼운 다음 끈의 양 끝을 잡고 묶어 목걸이를 완성한다.
5. 자신이 만든 누에고치 목걸이를 착용해 보면서 그동안, 또 앞으로의 인내의 시간에 대해 생각해 보며 어떤 결심을 하게 되는지 이야기 나눈다.
6. 지금까지 애쓰고 노력하고 인내한 자신에게 할 격려와 칭찬의 말, 앞으로 더 성장하며 홀로 서기 위해 힘이 될 말들을 찾아본다.

   예 너 지금 아주 잘하고 있어, 지금처럼만 하면 돼~, 장하다 등
7. 활동 후 느낀 점에 대해서 이야기 나눈다.

Tip

1. 누에고치에 물감을 여러 번 칠해야 색이 진하게 입혀진다.
2. 색이 칠해진 누에고치를 구입하여 사용할 수도 있다.

과정

과정 1. 누에고치 준비하기

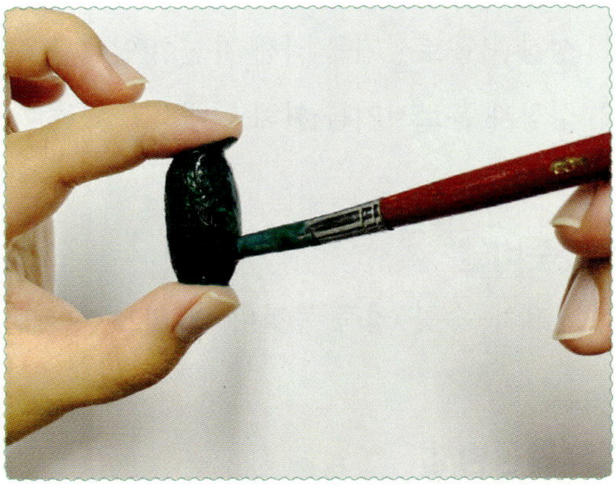
과정 2. 누에고치에 색칠하기

과정 3. 누에고치에 끈 끼우기

과정 4. 목걸이 완성하기

사례 1

개나리 목걸이

개나리 목걸이를 착용한 모습

초등학교 2학년, 여학생

누에고치 안쪽이 비어 있어 너무 신기하다. 책 읽기가 싫지만 공부를 잘하고 싶어서 매일 책 읽기를 하고 있고, 수학 문제집도 하루에 3장씩 풀고 있다. 영어 공부도 엄마와 함께 열심히 하고 있고 엄마 말도 잘 들으며 지내고 있다고 하였다.

누에고치에 좋아하는 노란색을 칠해 물들이고 엄마가 좋아하는 개나리로 자신을 상징하여 비즈를 덧붙여 표현하였다.

자신에게 "잘했어.", "마음이 너무 예뻐." 격려의 말을 건네며 자신에게 힘이 될 말들은 "잘했어.", "최고야.", "우리 아기 고생했네."라고 하였다.

사례 2

무지개 목걸이

무지개 목걸이를 착용한 모습

고등학교 2학년, 여학생

누에고치처럼 자신의 성장을 위해 힘들어도 열심히 공부하고 있는 중이다. 스마트폰이 아닌 2G폰을 사용하고 있고 주말에도 쉬는 날이 거의 없이 방학마다 특강을 들으러 다니며 엄청 열심히 공부하고 있다. 아직 나비가 되지 않아 누에고치에 색만 입히고 싶다고 하였다.

열심히 하고 있는 자신을 주황색으로 비유를 하였고 자신에게 좋은 일이 생길 예정이므로 누에고치 7개를 무지개색으로 물들여 목걸이를 만들었다.

지금까지 애쓰고 노력한 자신에게 "지금 잘하고 있어. 지금처럼만 하면 돼."라고 격려하였다.

공부가 지치고 힘이 들 때 참아 내며 열심히 하기 위해 힘이 되는 말은 "잘하고 있어. 조금만 더 힘내."라고 하였다.

2주

Tree

나무

매체: 케이블 타이

매체: 케이블 타이

케이블 타이(cable tie)는 타이랩(tie-wrap) 또는 집 타이(zip tie)라고도 불리는데, 표면에 미세한 홈이 빼곡하게 난 플라스틱 줄로 PC 배선이나 각종 케이블을 깔끔하게 정리할 수 있는 매체다.

매체 활용 이유

케이블 타이는 다양한 색상과 크기가 있어 선을 구분하여 정리할 때 효과적이며, 네임 플레이트가 부착된 제품은 글씨로 선의 용도를 표시하여 더욱 편리하게 사용할 수 있다.

자신의 노력과 성과들을 케이블 타이 하나하나로 상징하여 이를 모아 엮고 구성해 자신의 성장을 시각화된 나무로 표현할 수 있어 케이블 타이는 미술치료에 활용할 수 있는 의미 있는 매체다.

Tree

목표

1. 미술치료 과정에서의 자신의 노력과 치료 과정을 통해 얻은 성과를 인식할 수 있다.
2. 미술치료 과정에서 얻은 성과를 치료종결 후에도 유지하고 지속적으로 성장하고 있는 자신에게 긍정적인 메시지를 줄 수 있다.

준비물

다양한 색상과 크기의 케이블 타이, 케이블 타이 작품 사진, 스팽글, 아크릴 마커, 글루건 또는 접착 테이프

활동방법

1. 미술치료 과정에서 자신이 노력한 부분과 미술치료 과정을 통해 얻은 성과는 어떤 것이 있는지 탐색한다.
2. 자신의 노력과 성과를 색으로 상징한다면 어떤 색이 될지 생각해 보고 해당하는 케이블 타이를 선택한다.
   예 ① 자기주장 연습은 말할 때 에너지가 많이 필요해서 주황색
   ② 편안해진 마음은 연두색
3. 케이블 타이 작품 사진을 감상하며 미술치료 과정을 통해 성장한 자신을 상징하는 나무를 구상한 후 선택한 색의 케이블 타이로 자신의 나무를 만든다(참고: p. 318, 케이블 타이 작품).
4. 자신의 노력과 성과를 스팽글에 적어서 나무에 열매처럼 글루건으로 붙인다.
5. 완성된 작품을 보면서 성장하고 있는 자신에게 긍정적인 메시지를 주며 성과를 유지하고 지속하도록 격려한다.
6. 활동 후 느낀 점에 대해서 이야기 나눈다.

Tip

재사용 케이블 타이를 이용하면 채웠던 케이블 타이를 쉽게 풀 수 있어 작품을 만드는 과정에서 채우고 풀며 수정하기 편리하다.

참고

● 케이블 타이 작품

〈Presence〉, 박수이(2015).

〈Sprout〉, 박수이(2016).

〈Summer Vibe〉, 박수이(2021a).

〈Offspring〉, 박수이(2021b).

〈Where the Wind Stays〉, 박수이(2021c).

〈Where the Wind Stays〉(Detail), 박수이(2021d).

과정

과정 1. 나뭇잎 만들기

과정 2. 기둥 묶기

과정 3. 뿌리 자르기

과정 4. 나무 완성하기

과정 5. 열매 만들기

과정 6. 열매 달기

사례 1

스팽글 열매

케이블 타이 나무

30대 무직, 남성

치료 과정을 통해 부정적인 생각이 줄어들고 긍정적으로 바라보고자 다짐하게 되었고, 감정을 솔직하게 표현해야 상대방이 자신을 알 수 있다는 것을 알게 되었다. 상대방에게 말없이 맞춰 주던 자신을 소중히 해야겠다고 생각하게 되었고, 매주 치료에 참여하고 과제를 하면서 자신도 하면 해낼 수 있다는 경험을 가지게 되었다고 하였다.

'긍정'은 연두색과 초록색, '감정 솔직'은 검은색, '자신 소중'은 파란색, '하면 한다'는 노란색 케이블 타이를 선택하여 나무를 완성하였다. 자신에게 '○○아, 힘내.'라고 응원하였다.

사례 2

스팽글 열매

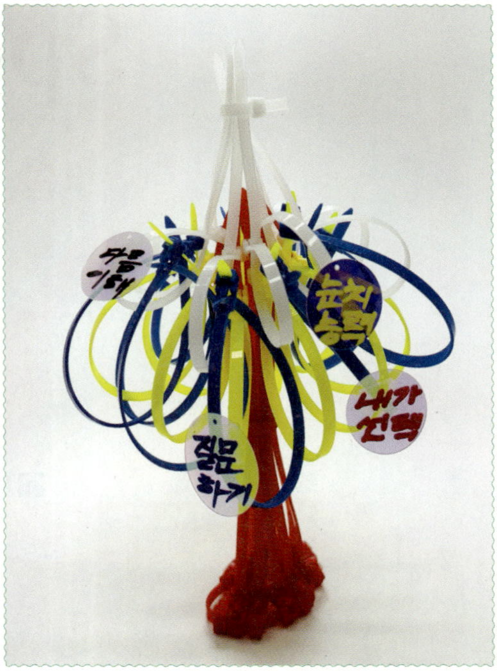

케이블 타이 나무

30대 직장인, 여성

난청으로 인해 항상 주눅 들어 있었다. 상대방이 불편할까 봐 중요한 내용도 다시 물어보지 못하는 자신이 너무 한심했다. 어렸을 때 어머니가 늘 "네가 잘못했잖아."라고 말해서 모든 잘못이 자신의 탓이라는 생각이 그대로 신념이 되었다. 그러나 미술치료를 통해 '다르니까 어쩌겠어.'라는 생각을 하게 되었고, 어머니를 조금 이해하게 되었다. 눈치 보는 행동이 다른 관점에서 타인을 이해하는 데 도움일 될 수 있음을 인식하고 무기력한 상태에서 벗어나게 되었다고 하였다.

치료 과정을 통해 얻은 성과로 '다름 이해'는 하얀색, '타인에게 질문하기'는 파란색, '눈치 능력'은 노란색, 눈치를 채고 맞춰 줄지 말지는 자신이 선택하는 '내가 선택'은 빨간색 케이블 타이로 선택하여 나무를 완성하였다. '온 우주가 너를 응원해.'라고 자신을 응원하였다.

3주

Spool

실 감기

매체: 실

매체: 실

실은 고치, 털, 솜, 삼이나 화학 원료를 써서 가늘고 길게 뽑아 만든 것으로 물건을 매거나 꿰거나 하는 데 쓴다.

매체 활용 이유

실을 활용한 기법에 스트링 아트가 있다. 일정한 규칙에 따라 직선을 그어 주면 그 직선들의 접점이 모여 곡선을 이뤄 내는 원리를 활용한 예술인 스트링 아트는 나무판에 그린 도안을 따라 못을 박고, 못에 실을 감으며 여러 형태를 만드는 기법이다.

긍정적인 변화는 다시 원래 위치로 돌아가지 않기 위해 못을 박듯 단단히 고정해야 한다는 의미를 전달할 수 있다. 또한 못에 실을 감는 섬세하고 반복적인 행동처럼 성취를 유지하기 위해서는 꾸준히 노력해야 한다는 메시지를 전달할 수 있어 스트링 아트의 주 매체인 실은 미술치료에 활용할 수 있는 의미 있는 매체다.

Spool

목표

1. 미술치료를 통해 회복된 내면과 자아가 환경과 사람에 의해 다시 흔들리지 않고 단단히 자리 잡으려면 매일의 노력이 필요함을 알 수 있다.
2. 미술치료를 통해 회복된 내면과 자아가 환경과 사람에 다시 흔들리지 않고 단단히 자리 잡으려면 어떻게 해야 하는지 알고 일상생활에서 구체적으로 행동할 수 있다.

준비물

폼포드 또는 합판(합판 사용 시 망치), 못, 실, 가위, 종이, 사인펜

활동방법

1. 미술치료를 통해 회복된 내면과 자아가 환경과 사람으로 인해 다시 흔들리지 않고 단단하고 굳게 자리 잡아야 함에 대해 이야기 나눈다.
2. 자신이 생각하는 흔들림 없는 사물, 단단히 자리를 지키는 것, 굳게 뿌리를 내리고 있는 것 등의 이미지를 떠올려 보고 그중 하나를 종이에 그린다.
3. 활동방법 2에서 종이에 그린 그림을 폼포드 위에 올려놓고 그림의 테두리를 따라 적당한 간격을 띄워 못을 박는다(폼포드에는 손으로 쉽게 못을 박을 수 있다. 합판에는 망치로 못을 박는다).
4. 그림의 테두리를 따라 못을 다 박으면 도안을 찢어서 떼어 낸다.
5. 가장자리 못에 실을 묶어 고정시킨 뒤 다음 못에 한 바퀴 돌려 감고 또 다음 못으로 이동하여 돌려 감아 가며 테두리를 실로 연결한다.
6. 테두리를 실로 연결한 후 자유롭게 못 사이로 실을 걸어 면을 채운다. 느슨하지 않게 힘있게 실을 당겨 작업하는 것이 중요하다.
7. 미술치료를 통해 회복된 내면과 자아가 다시 흔들리지 않고 단단히 자리 잡으려면 못에

실을 감는 것처럼 꾸준하고 성실한 매일의 노력이 필요함에 대해 이야기 나눈다.

8. 미술치료를 통해 회복된 내면과 자아가 어떻게 하면 다시 흔들리지 않고 단단히 자리 잡을 수 있을지 방법에 대해 탐색한다.
9. 활동방법 8에서 탐색한 내용을 일상에서 매일 실천하도록 구체적인 실천 계획을 세운다.
10. 활동 후 느낀 점에 대해서 이야기 나눈다.

과정

과정 1. 종이에 그리기

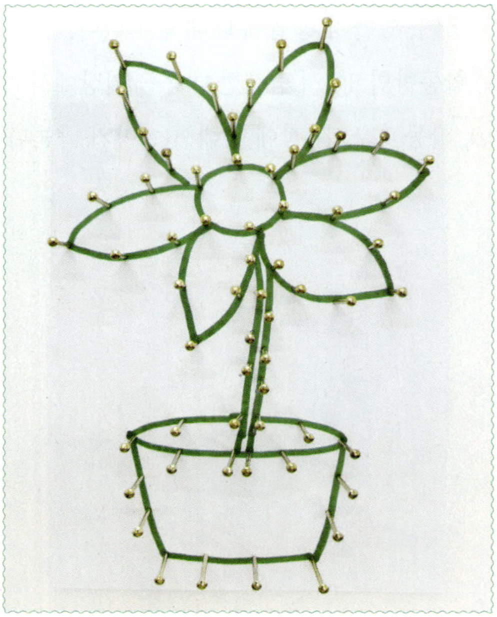

과정 2. 폼포드 위 종이에 못 박기

과정 3. 종이 찢어 내기

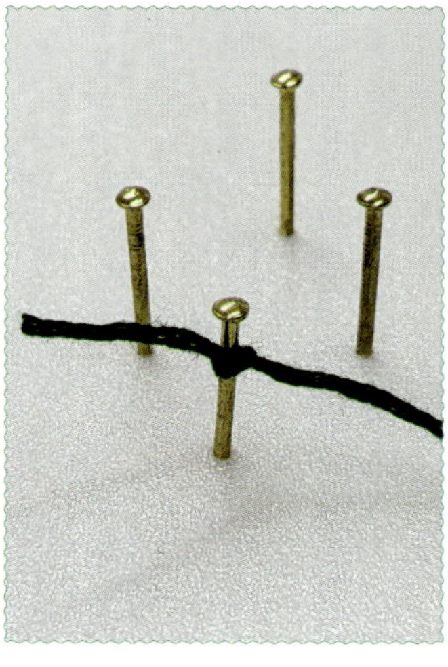

과정 4-1. 실 묶기

과정 4-2. 실 감기

사례 1

초등학교 5학년, 여학생

할머니가 주신 씨앗을 화분에 심고 매일 스프레이로 물을 뿌려 주었더니 잎이 나고 꽃이 피었던 기억이 났다.

미술치료 선생님이 가르쳐 주신 것처럼 거울을 보며 자신을 토닥토닥해 주고 "딱 좋아. 잘하고 있어."라고 매일 이야기해 주면 하루를 힘내서 잘 보낼 수 있을 것 같고 그런 매일이 쌓여 가면 자신도 잘 자라 예쁜 꽃을 피울 수 있을 것 같다고 하였다.

사례 2

50대 주부, 여성

'힘이 있다는 것이 뭘까?' 생각을 해 보니 '자유를 즐길 수 있는 것이 아닐까'라는 생각이 들었다. 그래서 이제부터는 다른 사람 눈치를 보지 말고 마음 가는 대로 해 보자는 바람이 생겼다.

마음은 가볍게, 행동은 편하게, 그렇게 자유롭게 훨훨 날아다니고 싶다. '사소한 것이라도 매일 한 가지씩 하고 싶은 일은 꼭 해 보기'를 시도해 보고 싶다. 마음 가는 대로 살아가다 보면 자신도 힘이 있는 사람이 되어 있을 것 같다고 하였다.

4주

Twinkling

반짝반짝

매체: 스노 글로브

매체: 스노 글로브

스노 글로브(snow globe)는 구체 형태의 투명 용기 안에 다양한 미니어처 장식을 넣고 물이나 글리세린 등의 투명한 액체로 채워서 흔들면 눈이 내리는 것처럼 보이도록 만든 물건이다.

매체 활용 이유

스노 글로브는 19세기 전반 유럽에서 문진으로 사용된 것으로 어린 시절의 순수함이나 행복한 날을 상징한다. 유리구를 흔들면 날리는 눈가루를 보며 환상적인 분위기를 만들 수 있다.

스노 글로브는 변화된 자신에게 희망과 용기를 줄 수 있어 미술치료에 활용할 수 있는 의미 있는 매체다.

Twinkling

목표

1. 미술치료를 통해 긍정적으로 변화된 것을 인식할 수 있다.
2. 미술치료를 통해 이룬 변화를 지속하게 하는 방법을 찾을 수 있다.

준비물

스노 글로브 돔과 뚜껑 또는 유리병과 유리병 뚜껑, 글리세린, 물, 글리터, 베이스 용액, OHP 필름, 글루건, 페인트 마커, 가위

활동방법

1. 스노 글로브를 보면 환상적이고 행복한 기분을 느끼게 되는 것처럼 미술치료가 자신에게 준 긍정적이며 기분 좋은 변화에 대해 이야기 나눈다.
2. 미술치료가 자신에게 준 긍정적인 변화를 지속하기 위해 자신이 실천할 수 있는 행동이나 결심에는 어떤 것이 있는지 생각한다.
3. 활동방법 2에서 생각한 행동이나 결심과 관련한 자기 상징을 그림이나 기호로 OHP 필름에 페인트 마커로 그린다(OHP 필름은 스노 글로브 내부에 들어갈 수 있는 크기로 준비한다).
4. 그림이나 기호로 그린 OHP 필름을 모양대로 오린다.
5. 스노 글로브 뚜껑 안쪽에 자기 상징을 글루건으로 세워서 붙이고, 스노 글로브 돔 안에 물과 글리터, 글리세린, 베이스 용액을 넣고 뚜껑을 닫는다(베이스 용액은 생략 가능).
6. 완성된 스노 글로브를 흔들어 보며 미술치료를 통해 변화된 자신에게 희망과 용기를 줄 수 있는 말을 한다.
7. 활동 후 느낀 점에 대해서 이야기 나눈다.

Tip

글리세린을 넣으면 글리터를 천천히 떨어지게 할 수 있다.

과정

과정 1. 자기 상징 그리기

과정 2. 자기 상징 붙이기

과정 3. 글리세린, 글리터 넣기

과정 4. 뚜껑을 닫아 완성하기

사례 1

무지개

30대 직장인, 여성

미술치료를 통해 현실에 만족하지 못하고 자신이 갖지 못한 것들에 아쉬워하며 속상해하고 우울해했다는 것을 알게 되었다. 현실에서 자신이 당장 실천할 수 있는 것을 찾아서 이루며 만족할 수 있는 삶을 살고 싶다.

비가 온 뒤 보았던 무지개를 떠올리며 희망을 상징하는 무지개로 자기 상징을 만들었고, 미술치료로 변화된 자신에게 "희망을 갖자!"라고 격려하고 응원하는 말을 하였다.

사례 2

손 흔들며 인사하는 나

초등학교 2학년, 여학생

친구가 없어서 외로웠는데 정작 같은 반 아이들이 인사해도 부끄러워서 같이 인사하지 못했었다. 미술치료를 통해 이제는 인사라도 잘해야겠다고 다짐하였다.

자기 상징으로 손을 들어 인사하는 자신을 만들었다. 그리고 큰 목소리로 "안녕!"이라고 말하며 인사하는 연습을 하였다. 인사하기부터 시작해서 친구들 사귀기, 단짝 만들기, 친구들에게 인기 많아지기가 꼭 이루어졌으면 좋겠다며 "파이팅!"이라고 외쳤다.

12월

내딛다

성장한 자신을 축하하며 격려하고 응원하여
새로운 목표를 향해 내딛어요.

1주

Coin tissue

코인 티슈

매체: 코인 티슈

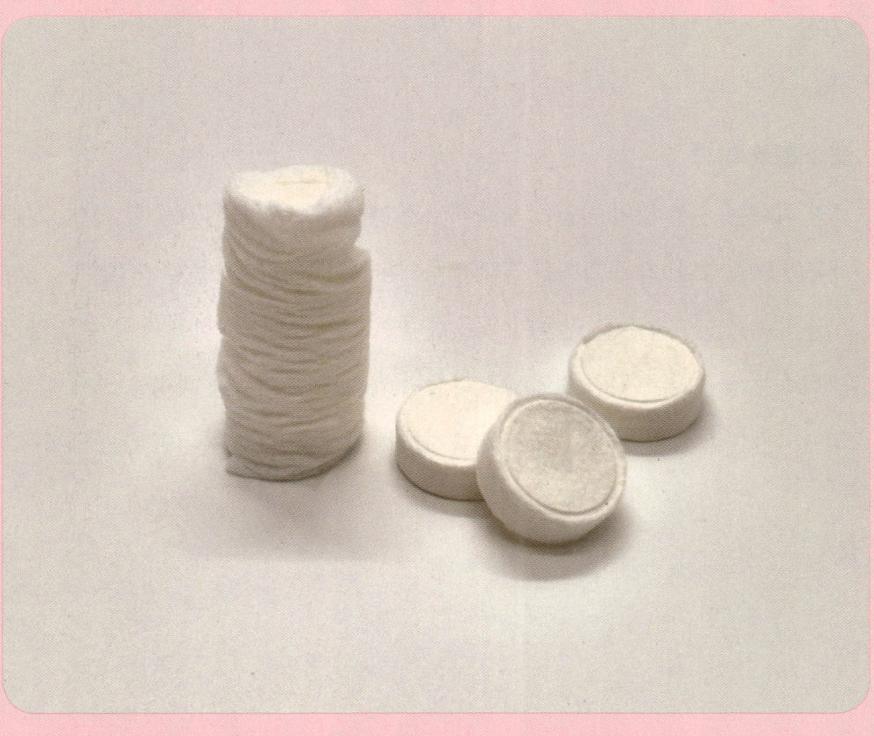

매체: 코인 티슈

코인 티슈(coin tissue)는 압력을 가하고 부피를 줄여 동전만 한 크기로 만든 티슈다. 표면이 단단하고 딱딱하지만 물을 흡수하면 금세 부풀어 물티슈로 사용할 수 있다.

매체 활용 이유

코인 티슈는 수분 없이 원단만 압축하였기 때문에 오랜 기간 깨끗한 상태 그대로 사용이 가능하다. 작고 가벼워 휴대가 용이하고 간편하게 사용할 수 있다.
코인 티슈는 흰색 섬유로 만들어 색을 물들이거나 그림을 그리고 꾸밀 수 있다. 코인 티슈는 물이 흡수되면 길어지고 부풀어 커지는데, 이러한 과정을 보며 성장하고 나아가는 느낌을 얻을 수 있어 미술치료에 활용할 수 있는 의미 있는 매체다.

Coin tissue

목표

1. 미술치료를 통해 변화된 자신이 더 성장하고 싶은 영역을 탐색할 수 있다.
2. 미술치료를 통해 변화된 자신이 세상 속으로 다시 나아가고 더 성장하기 위해 힘을 얻을 수 있는 것을 알 수 있다.

준비물

코인 티슈 3개, 물, 작은 접시, 유성 매직, 끈, 가위, 테이프

활동방법

1. 작은 접시에 물을 붓고 코인 티슈를 올려서 물이 흡수되도록 한다.
2. 코인 티슈가 길어지고 부풀어 커지는 과정을 보면서 미술치료를 통해 자신이 성장을 했었고 성장하고 있으며 앞으로 성장할 것에 대해 이야기 나눈다.
3. 코인 티슈의 물기를 짜고 펼쳐서 세모 모양 2개가 되도록 가위로 자른 후 조금 마르도록 둔다(크게 오리면 세모 2장, 작게 오리면 세모 4장으로 만들 수 있다).
4. 자신이 앞으로 더 성장하고 싶은 분야나 영역을 탐색한다.
5. 활동방법 4에서 탐색한 것에 대해 앞으로 더 성장하기 위해 무엇을 어떻게 하고 있는지 생각해 보고 자신은 얼마나 나아갈 준비가 되었는지 이야기 나눈다.
6. 자신이 세상 속으로 다시 나아가고 더 성장하기 위해 힘이 되는 것을 활동방법 3에서 준비한 코인 티슈에 상징으로 그린다.
7. 상징을 그린 코인 티슈에 끈을 붙여서 갈런드를 만든다.
8. 매일 힘을 얻거나 격려가 필요할 때 보면서 일상생활에 도움이 되도록 하기 위해 어디에 걸어 두면 좋을지 생각한다.
9. 활동 후 느낀 점에 대해서 이야기 나눈다.

과정

과정 1. 물에 코인 티슈 부풀리기

과정 2. 코인 티슈 자르기

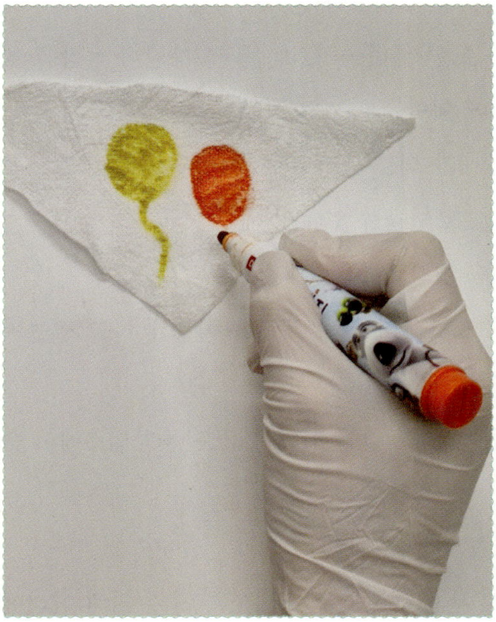

과정 3. 코인 티슈에 그리기

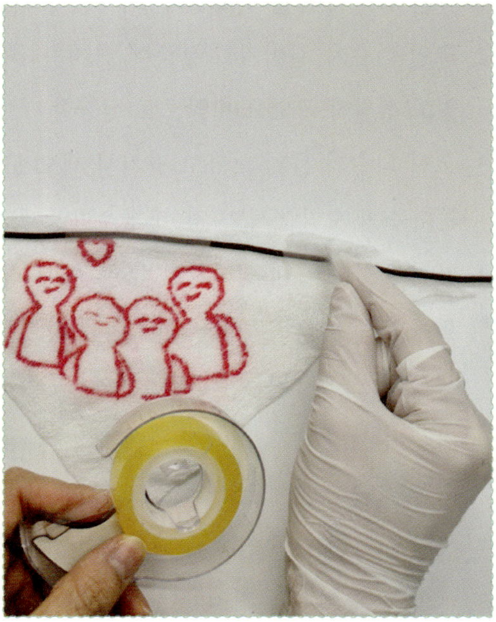

과정 4. 갈런드 만들기

사례 1

힘이 되는 것을 그린 갈런드

50대 주부, 여성

코인 티슈에 물이 흡수되는 것을 관찰하니 신기하고 '꿈이 커지는 느낌', '무언가 더 해야 할 것 같은 느낌'이라고 하였다.

앞으로 더 성장하고 싶은 것에 대해 탐색하도록 하니 "지금은 건강이 제일이다. 건강 공부를 하고 싶다."라고 하였다.

더 성장하기 위해 힘이 되는 것으로 자신이 좋아하는 치즈케이크, 나무와 꽃, 보면 그냥 기분이 좋은 풍선, 일을 잘하도록 하는 채찍과 당근, 지식이 쌓이는 책을 그렸다.

냉장고 문 한쪽에 걸어 두고 자주 보면서 다짐해야겠다고 하였다.

사례 2

힘이 되는 것을 그린 갈런드

초등학교 6학년, 남학생

코인 티슈가 부풀어 커지는 것을 보고 '키가 커지는 느낌'이라고 하였다.

앞으로 그림도 잘 그리고 싶고, 공부도 잘하고 싶고, 친구들이랑도 잘 지내며 더 성장하고 싶다고 하였다.

더 성장하기 위해 힘이 되는 것은 든든한 가족, 친한 친구, 좋아하는 그림 그리기다. 코인 티슈에 그려서 만든 갈런드를 자신의 방 안쪽에 걸어 두고 볼 때마다 힘을 얻으면 좋겠다고 하였다.

2주

Wreath

리스

매체: 플레이콘

매체: 플레이콘

플레이콘은 옥수수전분과 식용색소로 만든 매체다. 그리기와 만들기를 함께할 수 있고 사물 표현, 공간지각 능력 등을 발달시킬 수 있는 비정형 매체다.

매체 활용 이유

플레이콘은 자연친화적 재료로 만들어져 유아부터 노인까지 안심하고 사용할 수 있는 매체다. 자르고 누르거나 비틀어 물만 묻히면 서로 붙일 수 있고 종이나 나무에도 잘 붙어 자신이 상상한 어떤 모양이든 만들 수 있다. 알록달록 다양한 색감으로 여러 모양의 꽃을 만들어 소중한 날, 감사한 날을 축하하고 기념할 수 있는 화환을 만들 수 있다.

플레이콘은 치료 종료 시기에 다시 세상 속으로 나아갈 내담자에게 시들지 않는 화환을 만들어 격려, 응원과 축하를 건넬 수 있어 미술치료에 활용할 수 있는 의미 있는 매체다.

Wreath

목표

1. 심리적 어려움을 미술치료로 극복하며 성장하고 변화해 온 자신을 축하할 수 있다.
2. 치료 종결 후 다시 세상 속으로 나아갈 자신을 축하하고 격려하며 응원할 수 있다.

준비물

플레이콘, 마분지, 물, 리본, 양면 테이프, 네임펜, 가위

활동방법

1. 그동안 미술치료 시 작업했던 결과물들을 살펴보며 미술치료를 통해 자신이 어떤 변화의 과정을 거쳐 왔는지 살펴본다.
2. 미술치료를 경험하며 자신이 알아차린 것들 그리고 변화를 위해 노력했던 것들 등에 대해 이야기 나눈다.
3. 축하할 때 대표적인 선물인 꽃다발, 화환의 의미에 대해 이야기 나눈다.
   예 식물이 꽃을 피운다는 것은 온 힘을 다해야 된다는 것이고 그래서 꽃 선물은 "네가 여기 도착하기까지 힘든 수고, 어려움, 고통을 내가 알고 있다."라는 의미(출처: tvN 〈알아 두면 쓸데없는 신비한 잡학사전〉 9화 중 김영하 작가의 '꽃 선물의 의미')다.
4. 마분지를 오려 화환 받침을 만든다.
5. 가위로 플레이콘을 잘라 꽃잎 모양을 만들고 끝부분에 물을 조금 묻혀 플레이콘을 녹인 후 꽃잎을 서로 붙여 다양한 모양의 꽃을 만든다.
6. 여러 송이의 플레이콘 꽃에 물을 묻혀 화환 받침에 붙여서 화환을 만든다.
7. 자신에게 축하하는 말 또는 격려, 응원의 글귀를 리본에 네임펜으로 적어 양면 테이프로 화환에 붙인다.
8. 화환을 옆에 두거나 화환을 안고 사진을 찍는다.

9. 자신의 변화와 성장을 알리고 싶은 사람, 알리면 기쁜 마음으로 축하해 줄 사람이 누가 있을지 떠올려 보고 화환과 함께 찍은 사진을 문자로 전송한다.
10. 활동 후 느낀 점에 대해서 이야기 나눈다.

Tip

시판되는 플레이콘 화환 만들기 패키지를 이용하여 만들기도 가능하다.

사례 1

플레이콘으로 화환 만들기

화환 들고 사진 찍기

고등학교 1학년, 여학생

학교에서 따돌림과 학폭위원회 소집 등으로 죽고 싶을 정도로 힘들었고 아무것도 하기 싫어 학교도 안 가고 하루 종일 잠만 잤었다. 엄마한테 억지로 끌려 미술치료실에 오게 되었고 치료받는 게 무슨 소용이 있을까 하는 생각이 들었다. 하지만 미술치료를 받으면서 자신이 다른 사람한테 인정받고 싶은 욕구가 너무 컸고, 그런 욕구 때문에 더 힘들었다는 것을 알게 되었다.

자신처럼 힘든 시간을 지나는 아이들에게 진심으로 위로를 건네고 힘이 되어 주는 선생님이 되고 싶다는 생각이 들었고, 그런 자신의 꿈을 스스로 응원하는 시간이 무척 좋았다고 하였다.

자신 때문에 많이 울고 힘들어하셨던 엄마한테 "엄마 미안해."란 문자와 함께 화환을 안고 활짝 웃는 자신의 사진을 보내고 싶다고 하였다.

사례 2

플레이콘으로 화환 만들기

화환 들고 사진 찍기

중학교 3학년, 여학생

외국어 고등학교에 진학하고 싶었는데 가정 형편으로 일반 고등학교에 진학해야 해서 스트레스가 너무 심했었다. 공부도 잘하고 친구들한테도 인기가 많은데 왜 자신의 꿈이 아빠의 재정난으로 좌절되어야 하는지 많이 속상해했었다.

아빠 잘못이 아닌 것도 아는데 외국어 고등학교에 못 가면 앞으로 자신의 인생이 달라질 것 같고 불안하고 짜증이 많이 났었다. 스트레스 해소를 목표로 엄마의 친구가 추천해 준 단기 미술치료를 경험하면서 원하는 학교에 진학하지 않아도 자신이 열심히 하면 얼마든지 꿈을 이룰 수 있다는 생각을 하게 되었다.

잠시 마음이 흔들렸지만 다시 제자리로 돌아온 자신이 대견하고 지금까지 잘해 온 것처럼 앞으로도 잘할 것이라는 응원을 자신에게 해 주고 싶다고 하였다.

3주

Rainbow butterfly

무지개 나비

매체: 종이 커피 필터

매체: 종이 커피 필터

종이 커피 필터는 종이로 만들어진 커피 조리용 기구다. 뜨거운 물을 부었을 때 커피 가루를 걸러 주는 여과지다.

매체 활용 이유

종이 커피 필터는 물에 젖어도 갈라지거나 찢어지지 않아 그림을 그리거나 물감으로 채색하고 만들기에 용이하다. 물감으로 커피 필터에 자유롭게 표현하는 작업은 습식화처럼 통제력이 낮은 매체를 통한 이완과 발산을 도울 수 있다.
커피 필터에 채색하여 나비를 만들어 보는 작업을 통해 애벌레가 고치의 성장 과정을 거쳐 나비가 되듯 자신도 지속적으로 변화하고 성장하는 존재임을 알 수 있어 커피 필터는 미술치료에 활용할 수 있는 의미 있는 매체다.

Rainbow butterfly

목표

1. 미술치료를 통해 성장하였음을 알고 또한 자신이 지속적으로 성장하는 존재임을 인식할 수 있다.
2. 미술치료를 통해 회복되어 성장하고 화려하게 나아갈 수 있는 자신을 격려하고 응원할 수 있다.

준비물

종이 커피 필터 2장, 모루, 수채물감, 물, 붓

활동방법

1. 미술치료를 통해 어렵고 힘든 시간을 이겨 내고 성장한 자신의 변화에 대해 이야기 나눈다.
2. 자신이 특히 어떤 영역에서 성장했는지 탐색한다.

   예 주변 눈치를 많이 봐서 내 의견을 잘 전달하지 못했는데 눈치 보지 않고 나의 생각을 타인에게 전달하게 되었어요.
3. 종이 커피 필터에 붓으로 수채물감을 묻혀 자유롭게 무늬나 점을 그린다. 이때 물의 양을 많이 하여 종이 커피 필터의 번짐 효과를 느낄 수 있도록 한다.
4. 종이 커피 필터에 물감이 번져서 화려하게 변하는 것을 성장하고 있는 자신의 모습으로 비유한다면 어떤 느낌이 드는지 이야기 나눈다.
5. 새 종이 커피 필터 1장에 무지개색을 칠하고 물감이 번져 알록달록 꾸며진 커피 필터의 가운데를 모아 잡아 주름을 만들어 모루로 묶은 후, 더듬이를 만들어 무지개 나비를 만든다.
6. 무지개의 상징은 행운, 행복, 소원인데 자신에게 어떤 행운이나 행복이 있으면 좋을지, 어떤 소원이 이루어지면 좋을지 생각하고 이야기 나눈다.

7. 자신을 상징하는 화려한 무지개 나비가 어디로 날아가서 어떻게 지내면 좋을지 생각해 보고 더 높고 멀리 날아갈 준비가 된 자신의 변화와 성장을 격려하고 응원한다.
8. 활동 후 느낀 점에 대해서 이야기 나눈다.

Tip

다양한 모양의 종이 커피 필터로 만들 수 있다.

사례 1

물감을 칠한 커피 필터

무지개 나비

60대 주부, 여성

화가 나면 참고, 또 참다가 결국은 화가 터져 버려 화난 마음과 감정을 적절한 언어로 표현하지 못했는데 미술치료를 받으면서 부정적인 감정에 대해서도 안정적으로 대화를 나눌 수 있게 되었다. 화를 참는 이유가 처음에는 타인을 배려하기 위해서였는데 결국에는 자신에게도 타인에게도 좋지 않았다는 것을 알게 되었다.

물감이 번지는 것을 보더니 사람들이 모두 이렇게 어우러지면 참 좋겠다고 하였다. 화려하게 변하는 것을 보면서 나이가 들면 진한 색, 빨간색이 좋아지는데 선명한 색이 참 맘에 든다고 하면서 화를 내지 않고 건강하고 행복하게 여기저기 여행을 다니고 싶다고 하였다.

"나는 아이들과 함께 많이 성장했다. 이제 자유다! 날아가자~!"라고 앞날을 스스로 응원하였다.

사례 2

파랑 모루로 묶은 무지개 나비

노랑 모루로 묶은 무지개 나비

고등학교 2학년, 남학생

미술치료 초기 회기에는 무뚝뚝한 표정으로 팔짱을 끼고 있고 학교 다니기 힘들고 아무것도 하기 싫다고 힘들어했다. 미술치료를 받으며 지금은 가끔 웃음도 보이고 "하고 싶은 것은 아직 잘 모르겠지만 아무것도 안 하고 싶은 것은 아니다."라고 하였다. 생각해 보니 미술치료를 받으면서 자세, 태도에서 자신이 바뀐 것 같다고 하였다.

이완과 발산이 가능한 번짐 효과에 대한 설명을 듣더니 "이런 게 좋다. 맘 편하다."라고 하였다. 애벌레가 고치가 되고 나비가 되는 이야기를 나누면서 현실에서 지금은 고치 단계인 것 같지만 나비가 되어 훨훨 날아갈 자신에게 "멋지게 한번 잘 날아 보자!"라고 응원하였다.

4주

New step

새로운 발걸음

매체: 신발 깔창

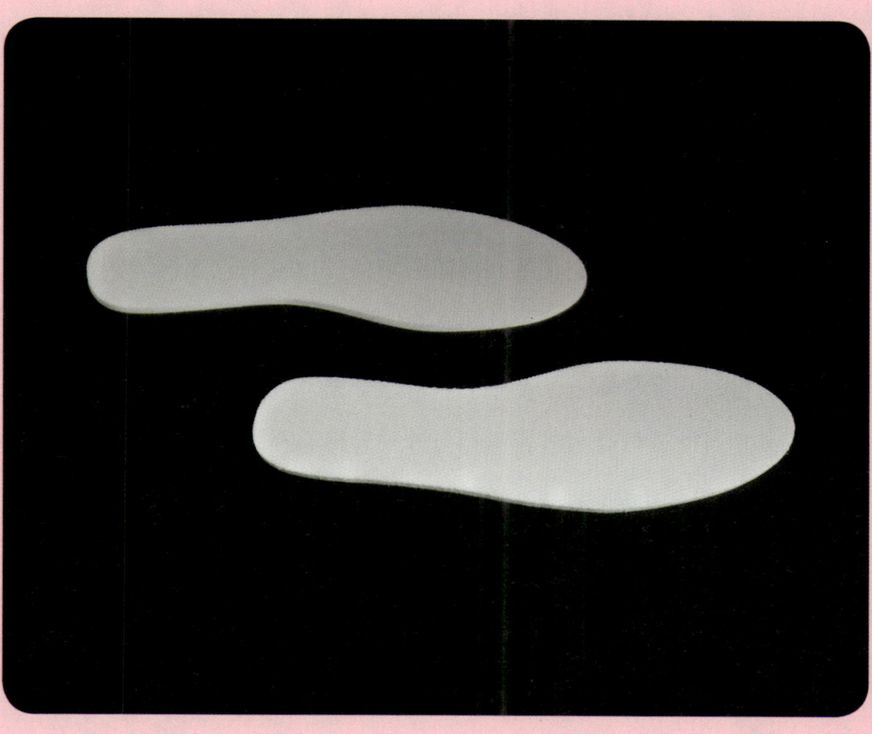

매체: 신발 깔창

신발 깔창은 신발 안쪽의 바닥에 까는 물건이다. 키를 좀 더 커 보이게 하기 위해 신발 안에 넣는 키 높이 깔창, 열을 내어 발을 따뜻하게 해 주는 깔창, 냄새를 방지하는 깔창, 재활치료와 교정을 위한 의료용 깔창 등이 있다.

매체 활용 이유

질 스튜어트(Jill Stuart)는 '좋은 신발이 좋은 곳으로 데려다 준다'라는 소망을 담아 '위시 슈즈(wish shoes)'를 만들기도 했다. 신발에서 깔창은 편안한 착용감과 발을 지지해 주는 기능을 갖추어 걸음을 보조하는 역할을 한다.
신발 깔창은 미술치료 종결 후 자신의 새로운 목표와 소망을 담거나, 예상되는 어려움을 인식하고 해결 방법을 탐색하여 내담자의 새로운 삶을 보조하는 활동을 할 수 있어 미술치료에 활용할 수 있는 의미 있는 매체다.

New step

목표

1. 미술치료 종결 후 자신이 지향하는 삶의 가치에 따른 새로운 목표를 알 수 있다.
2. 자신이 지향하는 삶의 가치에 따른 새로운 목표를 실천하는 데 예상되는 어려움을 인식하고 해결 방법을 알 수 있다.

준비물

신발 깔창, 나의 가치 활동지, 네임펜

활동방법

1. 미술치료를 통해 회복된 앞으로의 삶은 어떨지 이야기 나눈다.
2. 활동지를 살펴보며 인생의 각 영역에서 자신이 지향하는 삶의 가치를 생각해 본다(참고: p. 359, 나의 가치 활동지).

   예 친밀한 관계에서 부부가 취미 생활을 함께하며 여가를 즐기고 다정하게 대화를 나누며 나이 들어간다.
3. 자신이 지향하는 삶의 가치에 따른 목표와 구체적인 실천 행동을 생각한다.

   예 목표: 부부관계에서 친밀함

   실천 행동: 함께 운동하기 위해 헬스장 등록하기
4. 자신이 지향하는 삶의 가치에 따른 새로운 목표를 실천하는 데 예상되는 어려움, 장애물 등은 어떤 것이 있는지 생각해 보고 장애물과 대처 전략을 찾아본다.

   예 장애물: 야근이 장애물이다.

   대처 전략: 수요일은 일을 일찍 마무리한다. 야근한 주는 주말을 활용한다.
5. 활동지의 가치 영역 중 자신이 가장 중요하게 여기는 것의 순서를 작성하고, 가장 쉽게 성공할 수 있는 것은 어떤 것인지 순서를 작성한다.

6. 신발 깔창 앞면에 자신이 가장 쉽게 성공할 수 있는 가치 영역을 그림으로 표현한다.
7. 신발 깔창에 브랜드 로고를 새기듯이 자신의 의지를 확인하는 의미로 메시지를 쓰거나 사인을 한다.
8. 활동 후 느낀 점에 대해서 이야기 나눈다.

참고

● 나의 가치 활동지(복사해서 사용할 수 있어요)

가치 영역	지향하는 삶의 가치	목표	실천 행동	장애물	장애물 대처방법	중요도	성공 쉬운 정도
친밀한 관계 (부부, 연인, 친구 등)							
가족관계							
사회적 관계 (직장동료, 선생님 등)							
학업 및 직업							
재충전							
시민의식							
영성							
건강 (정신, 신체)							

사례 1

자녀와의 시간

의지 표현: with you

30대 직장인, 여성

회복된 자신은 직업적 성취 욕구에서 벗어나 가족관계의 행복을 생각하며 타인의 시선보다 자신의 행복을 우선으로 생각하게 되었다고 하였다.

지향하는 삶의 가치 중 최우선은 자녀와의 애착이다. 직업 영역에서는 성취 대신 여유를 추구하는 변화가 생겼다. 중요도가 가장 높으면서 성취가 가장 쉬운 것은 자녀와 눈을 맞추는 시간을 더 가지는 것으로 이때 장애물이 되는 것은 직업 활동 시간이다. 그래서 일하는 시간을 조정하여 주말에는 일을 집으로 가지고 가지 않겠다는 대처 전략을 세웠다. 또 다른 장애물은 자신의 성취 욕구다. 자녀에게 성취 욕구를 발휘하여 자신에게 하는 것처럼 자녀를 다그칠까 봐 두렵다. 대처 전략으로 배우자에게 자신이 자녀를 다그치면 신호를 달라고 하겠다고 하였다.

자녀와 지금 여기에서 함께하는 데 초점을 맞추기 위해 'with you'라고 적어 자신의 의지를 표현하였다.

사례 2

재충전

의지 표현: 쉼, 쉬어 가도 괜찮아

20대 직장인, 여성

이전에는 타인의 평가와 애정이 생존의 문제로 생각되었으나 미술치료를 경험하면서 이제는 재충전 영역이 우선되는 새로운 삶의 가치를 발견했다고 하였다.

기질적으로 예민하면서도 열정적인 자신을 이해하게 되어 자신을 위해 재충전하는 쉼의 시간을 충분히 가지겠다고 하였다. 하루 한 시간은 독서와 음악 감상을 하고, 주말에는 해변이나 자연휴양림, 한 달에 한 번 템플스테이 등에 가는 계획을 세웠다. 장애물인 회사 일과 불안은 퇴근 후에 스위치를 내리듯 끄고, 매일 9시가 되면 쉬고 충전하는 시간을 가지겠다고 하였다.

가장 쉽게 성공할 수 있는 것으로 해변에서 쉬고 있는 모습을 그렸다. 자신의 의지를 확인하는 의미로 '쉼, 쉬어 가도 괜찮아'라고 쓰고 쉼표로 낙관을 만들었다.

참고문헌

강수연(2025. 2. 4.). [미술관 산책] 자코메티 '걷는 사람'—침묵하는 수도승. 문학인신문. https://www.munhakin.kr/news/articleView.html?idxno=5089

김춘경, 이수연, 이윤주, 정종진, 최웅용(2016). **상담학 사전**. 학지사.

두산백과 두피디아(2024a). 카드. https://terms.naver.com/entry.naver?docId=1148498&cid=40942&categoryId=31944

두산백과 두피디아(2024b). 카드의 역사와 변천. https://terms.naver.com/entry.naver?docId=1189375&cid=40942&categoryId=31944

박수이(2015). https://www.suipark.com/PRESENCE

박수이(2016). https://www.suipark.com/SPROUT

박수이(2021a). https://www.suipark.com/SUMMER-VIBE

박수이(2021b). https://www.suipark.com/OFFSPRING

박수이(2021c). https://www.suipark.com/WHERE-THE-WIND-STAYS

박수이(2021d). https://www.suipark.com/WHERE-THE-WIND-STAYS

이상권(2022). **위로하는 애벌레**. 궁리.

정홍경(2009). **정통 타로카드 배우기**. 넥서스.

Berne, E. (1961). *Transactional analysis in psychotherapy*. Grove Press.

Kahneman, D. (2011). *Thinking, Fast and Slow*. 이창신 역(2012). **생각에 관한 생각**. 김영사.

Luquet, W. (1996). *Short-term couples therapy: the Imago Model in Action*. 송정아 역(2004). **이마고 부부치료**. 학지사.

pmg 지식엔진연구소(2019). **시사상식사전**. 박문각.

Rafaeli, E., Bernstein, D. P., & Yonug, J. E. (2011). *Schema Therapy: Distinctive features*. 이은희 역(2015). **심리도식치료**. 학지사.

Young, J. E., & Klosko, J. S. (1994). *Reinventing your life*. 최영민, 김봉석, 이동우 역(2004). **새로운 나를 여는 열쇠**. 열음사.

Zinker, J. (1977). *Creative process in gestalt therapy*. Vintage.

저자 소개

최외선(Choi Oeseon)
임상미술심리상담사(수련감독)
전 영남대학교 명예교수

김갑숙(Kim Gapsuk)
임상미술심리상담사(수련감독)
전 영남대학교 대학원 미술치료학과 교수

서소희(Seo Sohee)
임상미술심리상담사 1급
현 부산인지심리연구소 소장

류미련(Ryu Miryeon)
임상미술심리상담사 1급
현 부산인지심리연구소 교사

강수현(Kang Suhyun)
임상미술심리상담사 1급
현 부산인지심리연구소 교사

조효주(Cho Hyoju)
임상미술심리상담사 2급
현 부산인지심리연구소 교사

박금채(Park Geumchae)
임상미술심리상담사 2급
현 부산인지심리연구소 교사

다양한 매체를 활용한
미술치료 열두 달 프로그램 VII
Art Therapy Twelve Months Program VII Using Various Media

2025년 7월 25일 1판 1쇄 인쇄
2025년 7월 30일 1판 1쇄 발행

지은이 • 최외선 · 김갑숙 · 서소희 · 류미련 · 강수현 · 조효주 · 박금채
펴낸이 • 김진환
펴낸곳 • (주)학지사
04031 서울특별시 마포구 양화로 15길 20 마인드월드빌딩
대표전화 • 02-330-5114 팩스 • 02-324-2345
등록번호 • 제313-2006-000265호

홈페이지 • http://www.hakjisa.co.kr
인스타그램 • https://www.instagram.com/hakjisabook

ISBN 978-89-997-3468-7 93180

정가 26,000원